AMÉLIOREZ VOTRE ANGLAIS

LES LANGUES MODERNES

AMÉLIOREZ VOTRE ANGLAIS

par

Claude Caillate
professeur agrégé à
l'université de Paris III

Jennifer Vince B. A. (London)
maître de conférences à
l'université de Paris III

sous la direction de

Michael O'Neil M. A. (Cantab.)
maître de conférences à
l'université de Paris III

Le Livre de Poche

SOMMAIRE

INTRODUCTION

Beaucoup de gens parlent anglais mais sont conscients du fait que leur performance pourrait être bien meilleure. Peut-être avez-vous, vous aussi, l'impression de faire de nombreuses fautes, ou tout au moins d'hésiter trop souvent sur le temps à employer, sur la présence ou l'absence d'article devant tel ou tel nom, ou sur l'ordre dans lequel placer les mots de votre phrase. *Améliorez votre anglais* se présente comme un outil commode et souple destiné à apporter une réponse à ce genre d'interrogations.

Ce livre n'est pas un cours complet de grammaire anglaise, mais un guide des principales difficultés rencontrées par les francophones. C'est pourquoi la plupart des tests et exercices que vous trouverez ici s'appuient sur la traduction de votre langue maternelle, le français, vers la langue dans laquelle vous désirez vous perfectionner – l'anglais.

MODE D'EMPLOI

Chaque unité se présente de la même façon : tout d'abord un petit test pour voir où vous en êtes, puis un rappel grammatical suivi d'un ou deux, rarement trois, exercices de consolidation/approfondissement.

Il n'y a aucun ordre à respecter : vous pouvez très bien commencer par l'unité 60 si vous le désirez – c'est à vous de savoir, en consultant le sommaire, sur quelles questions vous avez envie de faire le point. (Une seule exception : l'unité 7 doit impérativement précéder l'unité 8.)

Les consignes pour les tests et les exercices sont données en anglais. Vous trouverez la liste complète de ces indications, ainsi que leur traduction en français, à la fin du livre dans l'annexe C (p. 244).

LES UNITÉS

Le test

Le nombre de phrases proposées varie de 4 à 12, selon les critères à prendre en compte pour chaque problème. Il n'y a en principe qu'une seule réponse possible pour chaque phrase. Si ce n'est pas le cas, nous vous le signalons au début du test. Dans quelques cas, extrêmement rares, nous avons cependant préféré ne rien vous dire, parce que le test aurait alors perdu toute sa valeur.

Bien entendu, **toutes les réponses sont données à la fin du livre.** Ce sont **plus de 400 phrases de test** que nous vous proposons pour la première phase de votre travail.

Le rappel grammatical

Après avoir fait le test, vérifiez vos réponses. Si vous n'avez pas fait d'erreur, bravo ! Cela prouve que vous maîtrisez bien ce point. Vous pouvez, si vous le voulez, passer directement aux exercices. Si vous avez fait ne serait-ce qu'une erreur, lisez attentivement le rappel grammatical (« *Remember* ») pour comprendre où vous avez fait fausse route et pourquoi. Les explications résument l'essentiel de la question dans un langage simple, en faisant appel à des notions très classiques. Remarquez toutefois que, comme il est d'usage dans les ouvrages plus théoriques, les formulations incorrectes – **qu'il vous faut donc éviter** – sont précédées d'un astérisque.

Assez fréquemment, le rappel grammatical est suivi d'une rubrique « *Don't say...* », « Ne dites pas... », « *Say...* », « Dites... » dans laquelle vous retrouverez ce même emploi conventionnel de l'astérisque.

Les exercices de consolidation

Lorsque vous avez bien lu les explications pour clarifier ou réactiver vos connaissances, vous pouvez passer aux exercices de consolidation. Il s'agit généralement de traduire du français en anglais. Dans le premier exercice, nous vous aidons souvent en vous fournissant soit une traduction partielle, soit quelques mots de vocabulaire. Dans le second exercice, quand il y en a un, nous vous demandons généralement de traduire sans notre aide. Chaque fois que cela est possible, vous passez ainsi progressivement d'un test assez simple à une traduction partielle et enfin à une traduction complète.

À ce propos, il peut arriver qu'un mot vous échappe. Ce n'est pas bien grave, puisque c'est la correction grammaticale qui est importante ici. Si vous n'avez pas de dictionnaire sous la main, vous trouverez le mot qui vous manque dans le corrigé, car, bien entendu, nous vous donnons les **réponses *(Answers)* complètes à tous les exercices *(Exercises)* – soit environ 800 phrases d'exercice.**

Vérifiez vos réponses à l'aide des corrigés. Si vous avez bien assimilé les explications grammaticales, vous aurez fait nettement moins d'erreurs que dans le test. Si ce n'est pas le cas, c'est que certaines choses sont mal comprises : relisez alors attentivement le rappel grammatical, mais peut-être après une pause, de façon à laisser à votre esprit le temps de digérer ces informations plus ou moins nouvelles. Vous aurez d'ailleurs l'occasion de revoir la même difficulté dans les dialogues de révision (voir ci-dessous).

Un dernier mot en ce qui concerne les exercices : il peut arriver que la dernière phrase de l'un ou l'autre demande une réflexion plus poussée que celles qui précèdent. Là encore, reprenez les explications en allant bien jusqu'au bout des raisonnements qui y sont exposés, et vous verrez où était le piège (ou l'absence de piège).

LES DIALOGUES DE RÉVISION

Après les 60 unités, vous trouverez une série de **cinquante dialogues** mettant tout ce que vous avez étudié en situation. Contrairement aux tests et aux exercices qui illustrent chacun un point particulier, ces dialogues **naturels et authentiques** mélangent, comme toute conversation, différents aspects de la langue et comportent des points de grammaire très variés. Dans chaque dialogue, on vous demande de compléter plusieurs répliques en choisissant parmi deux formulations. Contrairement à ce qui se passait dans les tests et exercices, votre choix pourra être guidé par le **contexte**. Ici encore, **toutes les réponses sont données** ; de plus, pour chacune d'entre elles nous vous indiquons le numéro de l'unité à revoir si vous avez fait une erreur.

Nous espérons que ce petit livre saura vous intéresser, à l'occasion vous faire sourire, mais surtout qu'il vous aidera à améliorer votre anglais et vous donnera envie de poursuivre l'étude d'une langue dont l'utilité n'est plus à démontrer.

Les auteurs

TEST: Choose the right answer

1. *Je l'ai rencontré hier.*
   I ... him yesterday.
   a. have met   **b.** met

2. *Je l'ai déjà rencontré.*
   I ... him.
   a. already met   **b.** have already met

3. *Ciel! J'ai perdu mon portefeuille.*
   Good heavens! I ... my wallet.
   a. have lost   **b.** lost

4. *Je crois que je l'ai perdu dans le bus.*
   I think I ... it on the bus.
   a. have lost   **b.** lost

5. *Qu'avez-vous fait jusqu'à présent?*
   What ... so far?
   a. did you do   **b.** have you done

6. *Quand est-ce que vous vous êtes rencontrés?*
   When ...
   a. did you meet?   **b.** have you met?

7. – *J'ai tout le temps mal à la tête.*
   – *L'avez-vous dit à votre médecin?*
   – My head aches all the time. – ... your doctor?
   a. Have you told   **b.** Did you tell

8. – *J'ai tout le temps mal à la tête.*
   – *L'avez-vous dit à votre médecin quand vous l'avez vu?*
   – I have a permanent headache.
   – ... your doctor when you saw him?
   a. Have you told   **b.** Did you tell

Now check your answers on p. 247.
How many did you get wrong? None?
Go straight to the exercises or:

REMEMBER
TRADUIRE LE PASSÉ COMPOSÉ

L'erreur la plus fréquente consiste à traduire systématiquement le passé composé par le present perfect. Ce n'est pas toujours possible.

1. Le **prétérit** renvoie à des faits *datés* ou perçus comme coupés du présent.

Je l'ai rencontrée en 1986. **I met her in 1986.**

Avez-vous bien dîné ? **Did you have a nice dinner?**

(Le dîner est terminé, ou bien on raconte une histoire dans laquelle il est question d'un dîner.)

2. Le **present perfect** fait le point sur une situation susceptible d'évoluer. Il renvoie à des faits *non datés* entretenant un rapport avec le présent. On emploie toujours l'auxiliaire **have**, suivi du participe passé. Celui-ci peut être régulier ou irrégulier : voir pp. 239-243.

Avez-vous dîné ? **Have you had dinner?**

(Il s'agit nécessairement du dîner de ce soir.)

Votre frère est arrivé. **Your brother *has arrived*.**

3. En anglais britannique, le **present perfect** est souvent associé à **just**, **ever**, **yet**, **already** et **always**.

Je l'ai déjà rencontrée. **I've already met her.**

Je ne l'ai pas encore rencontrée. **I haven't met her yet.**

Je viens de vous le dire. **I've just told you.**

C'est ce que j'ai toujours dit. **That's what I've always said.**

4. En anglais américain, on trouvera plutôt le prétérit :

GB : **Have you had dinner yet?**

US : **Did you have dinner yet?**

GB : **I've just told you.**

US : **I just told you.**

Don't say...	Say...
* I have met her in 1986.	I met her in 1986.
* Your brother is arrived.	Your brother has arrived.

EXERCISES

A. Complete the translation. Put the verbs in brackets into the appropriate form

1. *– Avez-vous déjà vu ce film ? – Non, je n'ai pas encore eu le temps d'y aller.*
   – (You see) the film yet? – No, I (not have) time to go yet.

2. *Fellini a tourné beaucoup de films.*
   Fellini (make) a lot of films.

3. *Sue vient de quitter l'immeuble.*
   Sue (just leave) the building.

4. *Elle a oublié d'éteindre les lumières avant de partir.*
   She (forget) to switch off the lights before going out.

5. *Est-ce que tu sais si le facteur est passé ce matin ?*
   Do you know if the postman (be) this morning?

6. *Oui, il est passé quand tu étais sorti.*
   Yes, he (come) when you were out.

7. *Je crois qu'il est passé vers dix heures.*
   I think he (come) round about ten.

8. *Il faisait tellement froid hier que j'ai mis le chauffage.*
   It was so cold yesterday that I (turn) the heating on.

9. *Il a fait vraiment froid ces derniers jours.*
   It (be) really cold these last few days.

10. *J'ai commencé à sortir mes vêtements d'hiver.*
    I (start) getting out my winter clothes.

B. Translate into English

1. *Je ne peux pas vous dire l'heure : ma montre s'est arrêtée.*
2. *Désolé d'être en retard, ma montre s'est arrêtée et je ne m'en suis pas rendu compte.*
3. *Le concert a commencé, monsieur, vous ne pouvez pas entrer.*
4. *– Que s'est-il passé ensuite ? – Eh bien, le concert a commencé.*
5. *Je trouve que Pierre a beaucoup changé.*
6. *Après le repas, mon oncle s'est endormi.*
7. *Je crois qu'elle s'est enfin endormie.*
8. *Nous n'avons pas eu le temps de voir tout le monde pendant les vacances de Noël.*
9. *Oh non ! Quelqu'un a fermé la porte à clé.*
10. *Marie s'est mariée très jeune. Sa fille Hannah est née en 1995. Elle a demandé le divorce en 1997.*

Answers on p. 249.

THAT'S ALL, FOLKS!

2	**FUTURS (1)** Is doing, will do, will have done, etc.

TEST: Choose the right answer

1. *Le téléphone sonne. Je vais répondre.*
   The phone's ringing. ... answer it.
   a. I'll   **b.** I'm going to

2. *Cathy se marie le mois prochain.*
   Cathy ... next month.
   a. gets married   **b.** will get married   **c.** is getting married

3. *Elle va avoir un enfant.*
   ... have a baby.
   a. She's going to   **b.** She will   **c.** She will be having

4. *Je vous l'apporte tout de suite, monsieur.*
   ... bring it straight away, sir.
   a. I'll   **b.** I'm going to

5. *Nous atteindrons notre destination à 8 heures, heure locale.*
   We ... our destination at 8 a.m., local time.
   a. will reach   **b.** will be reaching

6. *À quelle heure cela vous fait-il arriver ?*
   What time ...
   a. will you arrive?   **b.** will you be arriving?

7. *Je crois que j'aurai fini d'ici à demain soir.*
   I think ... by tomorrow night.
   a. I'll finish   **b.** I'll have finished

Now check your answers on p. 247.
How many did you get wrong? None?
Go straight to the exercises or:

REMEMBER

1. **Will + do** peut traduire le futur simple.
   Le train partira de la voie 9 à 17 h 15.
   The train will leave from platform 9 at 5.15.
   (Annonce quelque chose de nouveau ; celui qui parle ne s'implique pas dans la situation ou les événements à venir.)

2. On emploie aussi très souvent la construction **will be + doing**.
   (Celui qui parle est au courant de la situation et s'y projette.)
   Nous quitterons Paris dans trois semaines.
   We will be leaving Paris in three weeks.
   (L'idée de départ n'est pas nouvelle.)
   À quelle heure cela vous fait-il arriver ?
   What time will you be arriving?
   (L'arrivée des visiteurs est une chose acquise. On se voit peut-être déjà en train de les attendre.)

3. **Will + have done** et **will + have been doing** peuvent traduire le futur antérieur – et le futur dans les phrases avec **for** et **since** (voir aussi pp. 35-39).
   Pensez-vous qu'ils auront reçu notre télégramme ?
   Do you think they'll have received our telegram?
   Cela fera cinq heures qu'il conduit.
   He'll have been driving for five hours.

4. **Be going to + do** traduit « aller » + verbe, sauf s'il s'agit d'une décision immédiate ou impulsive.
   Ils vont gagner.
   They're going to win.
   C'est une très belle photo. Je vais te la montrer.
   It's a lovely picture. I'll show it to you.

N.B.
L'emploi de **shall** à la première personne pour traduire le futur est en nette régression.

5. Comme le présent français, le présent en **-ing** peut aussi indiquer une idée de futur.
   We're leaving in the morning.
   Nous partons demain matin.

Quand il s'agit d'événements programmés, comme un horaire de voyage, on trouve souvent le présent simple.
   We leave Paris on Sunday and arrive in Rome on Monday.
   Nous quittons Paris dimanche et arrivons à Rome lundi.

> **Don't say...**
> * Do you think they'll received our telegram?
> * John and Lisa get married next month.
> * (–A spider!) – Don't move, I'm going to kill it.
> **Say...**
> Do you think they'll have received our telegram?
> John and Lisa are getting married next month.
> (–A spider!) – Don't move, I'll kill it.

EXERCISES

A. Complete the translation. Put the verbs in brackets into the appropriate form

1. *Quand connaîtrez-vous la date ?*
   When (you know) the date?

2. *– Ma dent recommence à me faire mal. – Je vais appeler le dentiste.*
   – My tooth is hurting again. – (I ring) the dentist.

3. *À cette époque l'année prochaine, la société aura à nouveau déménagé.*
   By this time next year, the company (move) again.

4. *Donnez-moi votre rapport, et je vous dirai ce qui ne va pas.*
   Give me your report and (I tell) you what's wrong.

5. *À quatre heures et demie, la réunion aura duré trois heures.*
   By half past four, the meeting (go on) for three hours.

6. *Demain à cette heure-ci, nous serons dans l'avion du retour.*
   This time tomorrow, we (fly) home.

B. Translate into English

1. *Est-ce que vous descendez au prochain arrêt ?*
2. *J'appellerai l'agence de voyages cet après-midi.*
3. *D'ici à demain, vous aurez vu au moins dix films nouveaux.*
4. *À dix heures je serai au pied de l'horloge. Tu ne peux pas me rater.*
5. *Vous pouvez me faire confiance. Je ne le dirai à personne.*
6. *Ne leur téléphone pas maintenant ; ils seront en train de déjeuner.*

Answers on p. 249.

THAT'S ALL, FOLKS!

<table>
<tr><td>

3

</td><td>

FUTURS (2)
Quand tu viendras

</td></tr>
</table>

TEST: Choose the right answer

1. *Quand tu viendras, nous t'emmènerons à Las Vegas.*
   When you ..., we will take you to Las Vegas.
   a. will come   **b.** come
   c. are coming

2. *Je vous téléphonerai dès que j'aurai fini.*
   I'll give you a ring as soon as I ... .
   a. have finished   **b.** am finishing
   c. will have finished

3. *Je t'ai promis que je t'amènerais à Las Vegas quand tu viendrais.*
   I promised you I would take you to Las Vegas when you ... .
   a. will have come   **b.** would come
   c. came

4. *Il a dit qu'il m'appellerait dès qu'il aurait fini.*
   He said he would ring me as soon as he ... .
   a. had finished   **b.** would have finished
   c. will have finished

5. *Combien de temps comptez-vous rester ?*
   How long ...?
   a. will you stay   **b.** will you be staying
   c. do you stay

Now check your answers on p. 247.
How many did you get wrong? None?
Go straight to the exercises or:

REMEMBER

1. Si « quand » signifie « à quel moment », on emploie **will** ou **would** pour traduire l'idée de futur.

Je ne sais pas quand ce sera. **I don't know when it will be.**

Je ne savais pas quand ce serait. **I didn't know when it would be.**

Ici, « quand » ne peut pas être remplacé par « dès que ».

2. Par contre, si « quand » signifie « dès que », « au moment où », etc., on n'emploie pas l'auxiliaire **will/would**.

Voici le tableau de correspondance des temps pour ce type de phrases :

	Français		**Anglais**
A.	futur simple	=>	présent simple
B.	futur antérieur	=>	present perfect
C.	conditionnel présent	=>	prétérit
D.	conditionnel passé	=>	plus-que-parfait

Exemples :

A. *Quand vous verrez M. Smith, dites-le-lui.*
When you see Mr Smith, tell him.

B. *Nous en parlerons dès que vous aurez vu M. Smith.*
We will talk about it as soon as you have seen Mr Smith.

C. *Il avait promis de le dire à M. Smith dès qu'il le verrait.*
He had promised to tell Mr Smith as soon as he saw him.

D. *Il m'a dit qu'on en parlerait dès que j'aurais vu M. Smith.*
He said we would talk about it as soon as I had seen Mr Smith.

Don't say...

* I'll tell you when I will know.
* I'll tell you when I will have finished.
* He said he would tell me when he would know.
* He said he would tell me as soon as he would have finished.

Say...

I'll tell you when I know.
I'll tell you when I have finished.
He said he would tell me when he knew.
He said he would tell me as soon as he had finished.

EXERCISES

A. Translate into French

1. When I've earned enough money, I'll buy a house.
2. Of course I'll have a house-warming after I've moved in.
3. Once I've got an address in England, I'll send it to you.
4. You'll have to pay me back as soon as your salary comes through.
5. What about the kids? What will they do while we're visiting the museum?

B. Translate into English

1. *Je te passerai un coup de fil dès que j'arriverai.*
2. *Quand Steve se décidera enfin, il sera trop tard.*
3. *Quand j'aurai fini mon café, j'irai promener le chien.*
4. *Je ne sais pas quand ce sera.*
5. *Alain ne m'a pas dit à quelle heure il arriverait.*

Answers on pp. 249-250.

THAT'S ALL, FOLKS!

4	TRADUIRE L'IMPARFAIT Mary drank/Mary was drinking

TEST: Choose the right answer

1. *Frank ne connaissait pas le nom de son père.*
   Frank ... his father's name.
   a. didn't know   **b.** wasn't knowing

2. *L'année dernière, Nigel prenait le train de huit heures tous les matins.*
   Last year Nigel ... the eight o'clock train every morning.
   a. was taking   **b.** took

3. *William est parti plus tôt ce matin parce qu'il prenait le train de sept heures.*
   William left earlier this morning because he ... the seven o'clock train.
   a. was taking   **b.** took

4. *Le bruit que faisaient les ouvriers quand je lui ai téléphoné était insupportable.*
   The noise the workmen ... when I phoned her was unbearable.
   a. were making   **b.** made

5. *Quand Marie est arrivée, nous étions en train de déjeuner.*
   When Mary arrived, we ... .
   a. had lunch   **b.** were having lunch

6. *Les jeunes gens se connaissaient depuis trois mois.*
   The young couple ... each other for three months.
   a. knew   **b.** had known

7. *Je voyais cet arbre de ma fenêtre.*
   I ... that tree from my window.
   a. saw   **b.** could see   **c.** was seeing

8. *J'ai vu l'autre voiture, mais c'était trop tard.*
   I ... the other car, but it was too late.
   a. saw   **b.** could see   **c.** was seeing

Now check your answers on p. 247.
How many did you get wrong? None?
Go straight to the exercises or:

REMEMBER

1. L'imparfait se traduit souvent par un prétérit simple. Celui-ci est régulier (-ed) ou irrégulier (voir liste pp. 239-243).

Ils travaillaient dans le même bureau. Ils prenaient le train de huit heures.

They worked in the same office. They took the eight o'clock train.

Forme négative : **They didn't work... They didn't take...**

Forme interrogative : **Did they work...? Did they take...?**

2. On emploie le prétérit en -ing dans les cas suivants :

=> Situation temporaire :

Ernest was living in Paris at the time.

À l'époque, Ernest habitait Paris.

=> Processus saisi dans son déroulement :

I was working when the phone rang.

J'étais en train de travailler quand le téléphone a sonné.

=> Commentaire, explication d'une situation :

"Listen!" he said. The prisoners were running away.

« Écoutez ! » dit-il. Les prisonniers s'enfuyaient.

=> Agacement de celui qui parle : il fallait toujours que...

Paul was always asking me for money.

Paul me demandait toujours de l'argent.

Comparer avec le présent en **-ing**, p. 28.

3. Formes négatives :

She wasn't working. They weren't running away.

Formes interrogatives :

Was she working? Were they running away?

4. Pour les verbes de perception, l'imparfait se traduit souvent par **could + verbe** :

Je voyais la mer de ma fenêtre.

I could see the sea from my window.

5. Pour les phrases avec « depuis », « il y avait/ça faisait x temps que », on emploie un plus-que-parfait : voir p. 35.

Don't say...
* They taked the same train.
* She didn't worked.
* Did they took the same train?
* She didn't working.
* I could see that he got angry.
* When I was in London I was eating Indian food once a week.

Say...
They took the same train. (Verbe irrégulier !)
She didn't work.
Did they take the same train?
She wasn't working.
I could see that he was getting angry.
When I was in London I ate Indian food once a week.

Notice
Paul always asked me for money. ≠ Paul was always asking me for money.

EXERCISES

A. Complete the translation. Put the verbs into brackets in the appropriate form

1. *Marc réglait le magnétoscope quand tout à coup le téléphone a sonné.*
   Mark (set) the video when suddenly the phone (ring).

2. *Les amis d'Éric ne comprenaient pas ce qu'il voulait dire.*
   Eric's friends (not understand) what he (mean).

3. *Le frère de Malcolm nous rendait toujours visite chaque fois qu'il était en ville.*
   Malcolm's brother (always come) to visit us whenever he (be) in town.

4. *Quand vous étiez enfants, vous vous battiez tout le temps.*
   When you were children, you (always fight).

5. *Angela était inquiète : Nigel prenait maintenant le train de sept heures tous les matins.*
    Angela was worried. Nigel (now take) the seven o'clock train every morning.

6. *Mamie déclara qu'elle sentait un courant d'air.*
    Granny said she (feel) a draught.

B. Translate into English

1. *Nous mangions du poisson tous les vendredis.*
2. *Quand je suis arrivé, les enfants mangeaient leur poisson.*
3. *Sa femme l'appelait au bureau tous les matins.*
4. *J'entendais ce qui se passait depuis ma chambre.*
5. *Quand j'ai commencé dans cette société, le patron nous donnait toujours une prime à Noël.*
6. *Chris choisissait mal ses copines.*

Answers on p. 250.

THAT'S ALL, FOLKS!

TRADUIRE LE PRÉSENT (1)
Mary drinks/Mary's drinking

TEST: Choose the right answer

1. *Allez-vous souvent en Angleterre ?*
   ... to England?
   a. Do you often go   **b.** Are you often going

2. *Je connais très bien votre frère.*
   I ... your brother very well.
   a. am knowing   **b.** know

3. *Qu'est-ce que tu mets pour aller au bureau aujourd'hui ?*
   What ... to go to the office today?
   a. do you wear   **b.** are you wearing

4. *Est-ce que tu mets toujours le même costume pour aller au bureau ?*
   ... the same suit to go to the office?
   a. Do you always wear   **b.** Are you always wearing

5. *Tim joue dans un orchestre le samedi.*
   Tim ... in a band on Saturdays.
   a. plays   **b.** is playing

6. *Écoutez ! Quelqu'un joue du Chopin.*
   Listen. Somebody ... Chopin.
   a. plays   **b.** is playing

7. *Je vais à New York demain.*
   ... to New York tomorrow.
   a. I'm flying   **b.** I fly

8. *Alice aime tous ses professeurs cette année.*
   Alice ... all her teachers this year.
   a. is liking   **b.** likes

9. *Beaucoup de magasins anglais ouvrent le dimanche.*
   Many English shops ... on Sundays.
   a. are opening   **b.** open

10. *Beaucoup de gens semblent avoir du mal à joindre les deux bouts.*
    A lot of people ... to find it hard to make ends meet.
    a. seem   **b.** are seeming

Now check your answers on p. 247.
How many did you get wrong? None?
Go straight to the exercises or:

REMEMBER

1. **Le présent simple** s'emploie pour énoncer des faits qui ne s'appliquent pas nécessairement au moment où l'on parle :

habitude	**Peter walks to work.**
	He always parks his car outside my house.
généralité	**Water boils at a hundred degrees Centigrade.**
indication scénique	**Hamlet enters, takes out a pistol and shoots himself.**
titre de la presse	**Queen abdicates.**
démonstration	**I break an egg into the bowl, I add salt and pepper...**
verbe de sentiment, opinion, perception	**I think you're right. She seems pleased.**

Forme affirmative : ne pas oublier le **-s** à la troisième personne du singulier.
Forme négative : **I don't think... She doesn't seem...**
Forme interrogative : **Do you think...? Does she seem...?**

2. **Le présent en -ing**

établit un lien avec le moment où l'on parle :	**Quiet! I'm working.**
	Look! the book's falling.
	Daniel's living in Paris this year.
traduit un futur proche :	**My cousins are arriving tomorrow.**

avec **always**, traduit l'agacement de celui qui parle : « Il faut toujours que... »
Paul's always asking me for money.
Paul me demande toujours de l'argent.
Forme négative : **I'm not dreaming. It isn't raining. They aren't joking.**
Forme interrogative : **Am I dreaming? Is it raining? Are they joking?**

3. Il existe d'autres façons de traduire le présent. Voir p. 32.

4. Pour traduire les phrases avec « depuis », « il y a/ça fait x temps que », on emploie un present perfect : voir p. 35.

Don't say...
* Look! the clock falls.
* Are you always wearing the same clothes?
Say...
Look! the clock is falling.
Do you always wear the same clothes?

Notice
Daniel's living in Paris this year. ≠ Daniel lives in Paris.
He always parks his car outside my house. ≠ He's always parking his car outside my house.

EXERCISES

A. Complete the translation. Put the verbs in brackets into the appropriate form

1. *Je suis très fatigué parce que je suis en train d'apprendre à conduire.*
   I'm very tired because (I learn) how to drive.

2. *Qu'est-ce que tu mets pour le mariage d'Hélène ?*
   What (you wear) for Helen's wedding?

3. *Cette fois-ci, ils y vont en bus.*
   This time, they (go) by bus.

4. *Annabelle joue très bien de la guitare.*
   Annabelle (play) the guitar very well.

5. – *Qu'est-ce que c'est que ce bruit ? – Encore les voisins qui font un barbecue.*
   – What's that noise? – The neighbours (have) a barbecue again.

6. *Nous faisons un barbecue tous les étés.*
   We (have) a barbecue every summer.

7. *Qu'est-ce qui se passe si j'oublie mon numéro d'identification personnelle ?*
   What (happen) if I forget my PIN number*? *Personal Identification Number.

8. *Pour mon anniversaire, ma femme m'offre une nouvelle planche à repasser.*
   My wife (give) me a new ironing board for my birthday.

9. *Regarde là-bas ! Qu'est-ce qui se passe ?*
   Look over there! What (happen)?

10. *Tu es assis alors que ta grand-mère est debout. Tu n'as pas honte ?*
    You (sit) while your grandmother (stand). Aren't you ashamed of yourself?

B. Translate into English

1. *Qu'est-ce que vous faites le dimanche ?*
2. *Le patron part pour New York la semaine prochaine.*
3. *Ce (fichu) téléphone sonne tout le temps.*
4. *John ne va pas souvent au cinéma.*
5. *Regardez ! Il s'enfuit !*
6. *Ton peignoir est accroché derrière la porte.*
7. *Les hommes préfèrent les blondes et épousent les brunes.*
8. *Mes collègues boivent un pot au pub du coin.*
9. *– Ne fais pas ça ! – Tu me donnes des ordres ?*
10. *Qu'est-ce que vous servez après dîner ?*

Answers on p. 250.

THAT'S ALL, FOLKS!

TEST: Choose the right answer

1. *Est-ce que vous voyez la mer de votre chambre ?*
   ... the sea from your room?
   a. Are you seeing   **b.** Can you see   **c.** Do you see

2. *Je vois le médecin demain.*
   I ... the doctor tomorrow.
   a. am seeing   **b.** see   **c.** can see

3. *Cathy se fâche facilement pour un rien.*
   Cathy ... angry about nothing at all.
   a. gets   **b.** can get   **c.** will get

4. *J'adore le café.*
   I ... coffee.
   a. do like   **b.** love   **c.** am liking

5. *– Tu n'aimes pas le café, je crois ? – Mais si, j'aime le café !*
   – You don't like coffee, I think? – I ... coffee.
   a. do like   **b.** love   **c.** am liking

Now check your answers on p. 247.
How many did you get wrong? None?
Go straight to the exercises or:

REMEMBER

1. Employés au sens propre, les verbes de perception sont souvent précédés de **can** ou **can't**.

I can see your sister: she's opening a window.
Je vois ta sœur : elle ouvre une fenêtre.
Mais **I see what you mean.** *Je vois ce que tu veux dire.*
I can feel a draught. *Je sens un courant d'air.*
Mais **I feel silly.** *Je me sens bête.*

2. Pour traduire le présent, on peut utiliser **will** si l'action a un caractère habituel ou prévisible.

George will come home and not even say «good evening». *Georges est du genre à rentrer à la maison sans même dire bonsoir.*
When the cat's away, the mice will play.
Quand le chat n'est pas là, les souris dansent.
Boys will be boys.
Il faut que jeunesse se passe (les garçons sont les garçons).

3. La construction **do + infinitif** ne renforce pas le sens du verbe, mais l'affirmation elle-même. On peut la traduire par «bel et bien », « mais si ! », « certes », etc.

I do like a game of chess from time to time.
Je reconnais que j'aime faire une partie d'échecs de temps en temps.

EXERCISES

A. Translate into French
1. Can't you feel a draught?
2. These things will happen.
3. I can smell something burning.
4. He does drink a little too much.
5. I can't hear you. I'll ring you back in a minute.

B. Translate into English
1. *Pas de doute qu'elle aime les hommes, cette Marilyn.*
2. *La vieille dame d'à côté entend beaucoup mieux que tu ne crois.*
3. *Il faut toujours qu'il change d'avis.*
4. *C'est vrai que Jérémie fait des histoires pour rien.*
5. *Je ne vois pas ma valise.*

Answers on pp. 250-251.

THAT'S ALL, FOLKS!

<table>
<tr><td>

7

</td><td>

DEPUIS/IL Y A/VOILÀ/
ÇA FAIT X TEMPS QUE (1)
Quel temps utiliser ?

</td></tr>
</table>

TEST: Choose the correct form of the verb

1. *Il y a dix ans que Paul fume.*
   a. Paul smokes **b.** Paul has been smoking
   c. Paul smoked

2. *Ça fait deux mois que Paul lui a écrit.*
   a. Paul wrote **b.** Paul has written
   c. Paul has been writing

3. *Il y a deux jours que Paul n'a rien mangé.*
   a. Paul hasn't eaten anything **b.** Paul didn't eat anything
   c. Paul hasn't been eating anything

4. *Voilà trois mois que Paul travaille ici.*
   a. Paul works **b.** Paul has worked
   c. Paul has been working

5. *Paul travaille ici depuis trois mois.*
   a. Paul works **b.** Paul has worked
   c. Paul has been working

6. *Paul est arrivé ici il y a deux ans.*
   a. Paul arrived **b.** Paul has arrived
   c. Paul was arriving

7. *Ça fait cinq ans que Paul connaît sa femme.*
   a. Paul has known **b.** Paul knows
   c. Paul knew

8. *Paul a cessé de fumer il y a dix ans.*
   a. Paul has stopped **b.** Paul stopped
   c. Paul has been stopping

9. *Paul est marié depuis quatre ans.*
   a. Paul has been married **b.** Paul is married
   c. Paul was married

10. *Paul s'est marié il y a quatre ans.*
    a. Paul has got married **b.** Paul has been marrying
    c. Paul got married

Now check your answers on p. 247.
How many did you get wrong? None?
Go straight to the exercise or:

REMEMBER

Quel temps employer dans les phrases du type « depuis/il y a, ça fait x temps que » ?

1.

a. Tandis que le français utilise le présent, l'anglais emploie le present perfect (le plus souvent en -ing) si l'état ou l'action évoqués se poursuivent au moment où l'on parle.

They*'ve been running* for two hours.

Voilà/Ça fait/Il y a deux heures qu'ils courent.

b. Si l'état ou l'action évoqués sont achevés au moment où l'on parle, on a le prétérit, alors que le français utilise le passé composé ou le passé simple (style écrit).

They *ran* for two hours.

Ils ont couru/coururent *pendant deux heures*.

2.

a. L'anglais emploie le plus-que-parfait (le plus souvent en -ing) si l'état ou l'action évoqués se poursuivaient à un point de référence situé dans le passé.

They*'d been running* for two hours.

Ça faisait/Il y avait deux heures qu'ils couraient.

b. Si l'état ou l'action évoqués étaient achevés au moment de référence, on a le plus-que-parfait (sans -ing) :

They *had run* for two hours.

Ils avaient couru *pendant deux heures*.

TABLEAU COMPARATIF

ÇA CONTINUE

Français	Anglais
présent	present perfect (souvent en -ing)
passé composé (en phrase négative)	present perfect

C'EST FINI

Français	Anglais
passé composé	prétérit
passé simple	prétérit

ÇA CONTINUAIT	
Français	Anglais
imparfait	plus-que-parfait (souvent en -ing)
C'ÉTAIT FINI	Anglais
Français	
plus-que-parfait	plus-que-parfait sans -ing

Notice

They ran for two hours.
Ils ont couru/coururent pendant deux heures.
They've been running for two hours.
Voilà/Ça fait/Il y a deux heures qu'ils courent.

EXERCISE

Translate into French using *depuis, il y a, ça fait*, etc. In some cases several translations are possible

1. Henry changed jobs three years ago.
2. Deborah has been looking for a job for six months.
3. I rang him an hour ago.
4. How long is it since you received that letter?
5. They haven't talked to each other for months.
6. How long has Paul known his wife?
7. Jonathan's been having nightmares for a week.
8. Ever since I heard the news, I haven't been able to sleep.
9. Laura moved to New York five years ago.
10. Laura's been living in New York for five years.

Answers on p. 251.

THAT'S ALL, FOLKS!

8

DEPUIS/IL Y A/VOILÀ/
ÇA FAIT X TEMPS QUE (2)
For, since, ago?

Attention ! Ne pas aborder cette unité avant d'avoir vu la précédente (7).

TEST: Choose the right translation

1. *J'ai rencontré Jonathan pour la première fois il y a trois ans.*
   I first met Jonathan ... .
   a. for three years   **b.** three years ago
   c. since three years

2. *Ils sortent ensemble depuis dix ans.*
   They've been going out together ... .
   a. ten years ago   **b.** since ten years
   c. for ten years

3. *Stephen est en congé de maladie depuis lundi.*
   Stephen has been on sick leave ... Monday.
   a. since   **b.** for

4. *Les poissons rouges ont perdu l'appétit depuis que maman est partie.*
   The goldfish have been off their food ... mother left home.
   a. for   **b.** since
   c. since that

5. *Il y a trois mois que nous utilisons ce logiciel.*
   We've been using this software ... .
   a. since three months   **b.** for three months
   c. three months ago

6. *Depuis combien de temps sortent-ils ensemble ?*
   ... have they been going out together?
   a. Since how long   **b.** How long
   c. How much time

7. *Je n'ai pas bu une goutte de vin depuis mon accident.*
   I haven't had a drop of wine ... .
   a. for my accident   **b.** since my accident

8. *Il y a combien de temps que Paul est marié ?*
   ... has Paul been married?
   a. How many times   **b.** How much time
   c. How long

9. *Paul s'est marié ? Il y a combien de temps ?*
   Paul got married? ...?
   a. How long   **b.** How long ago

10. *Ça fait combien de temps qu'on a ce vieux sapin de Noël en plastique ?*
    ... have we had that old plastic Christmas tree?
    a. How long   **b.** How long ago

Now check your answers on p. 247.
How many did you get wrong? None?
Go straight to the exercises or:

REMEMBER

Traduction de « depuis/il y a/ça fait x temps que »

ÇA CONTINUE/CONTINUAIT (voir pp. 35-36) :
FOR si le complément de temps est une *durée*.
   Je t'écris depuis trois mois = Il y a trois mois que je t'écris.
   I've been writing to you *for three months*.
   Je t'écrivais depuis trois mois = Il y avait trois mois que je t'écrivais.
   I'd been writing to you *for three months*.
SINCE si le complément de temps est une *date* ou une *proposition* (c'est-à-dire un *groupe sujet + verbe*).
   Je t'écris depuis janvier.
   I've been writing to you *since January*.
   Je t'écris depuis que tu es parti.
   I've been writing to you *since you left*.
   Je t'écrivais depuis janvier.
   I'd been writing to you *since January*.

Je t'écrivais depuis que tu étais parti.
I'd been writing to you *since you had left.*
En début de phrase, ou si le complément est long, on trouve parfois **ever since** au lieu de **since**.
Les questions correspondantes se forment ainsi :
   How long have you been writing to him?
   How long had you been writing to him?

C'EST FINI (voir pp. 35-36)
complément + **ago**
   Je t'ai écrit il y a trois mois.
   I wrote to you three months ago.

C'ÉTAIT FINI (voir pp. 35-36)
complément + **before**
   Je t'avais écrit trois mois auparavant.
   I had written to you three months before.
Les questions correspondantes se forment ainsi :
   How long *is it since* you wrote to him?
   How long *was it since* you had written to him?
   Ça fait/faisait combien de temps que tu lui as/avais écrit ?
   How long ago was that?
   C'était il y a combien de temps ?

Don't say...
* I've been writing to you for January.
* I've been writing to you since three months.
Say...
I've been writing to you since January.
I've been writing to you for three months.

EXERCISES

A. Complete the translation

1. *Il y a deux jours que Simon est tombé malade.*
   Simon fell ill ... .
2. *Simon est malade depuis deux jours.*
   Simon has been ill ... .
3. *Je ne suis pas allé au cinéma depuis que tu es parti.*
   I haven't been to the cinema ... .
4. *Il y a trois ans que Harry a créé sa propre entreprise.*
   Harry started his own business ... .
5. *Depuis combien de temps Suzanne apprenait-elle à conduire ?*
   ... had Susan been learning to drive?
6. *Je suis sûr que Carole et Marc attendent ce moment depuis long-temps.*
   I'm sure Carol and Mark have been waiting for this moment ... .
7. *Depuis que la Coupe du Monde a commencé, John est collé à sa télé.*
   ... the World Cup began, John has been glued to his television set.
8. *Linda a changé de numéro depuis une quinzaine.*
   Linda changed her phone number ... .
9. *Linda a un nouveau numéro depuis une quinzaine maintenant.*
   Linda has had a new phone number ... now.
10. *Ça fait combien de temps que je te l'ai dit ?*
    ... I told you? *ou* ... did I tell you?

B. Translate the French sentences in the test on p. 34.

C. Translate into English

1. *La police le recherche depuis trois mois.*
2. *Ça fait cinq semaines que je n'ai pas touché une goutte d'alcool.*
3. *Hélène joue du piano depuis dix ans.*
4. *Il y avait six mois qu'ils voyageaient.*
5. *Depuis l'accident, Nigel fumait deux paquets par jour.*
6. *Ça fait dix ans qu'Hélène joue du piano.*
7. *Depuis qu'ils ont commencé à travailler ensemble, c'est l'enfer.*
8. *Ça fait combien de temps que tu la vois ?*
9. *Ça fait combien de temps que tu l'as vue ?*
10. *Est-ce que vous vous connaissez depuis longtemps ?*

Answers on pp. 251-252.

THAT'S ALL, FOLKS!

9	AFFAIRES D'HABITUDE
	Used to, be used to, etc.

TEST: Choose the right answer

1. *Avant que sa femme ne l'en empêche, il aimait aller au pub.*
   He ... going to the pub before his wife stopped him.
   a. used to like   **b.** used to liking

2. *Je me suis habitué à la corvée de vaisselle.*
   Now I have got ... the washing-up.
   a. used to do   **b.** used to doing

3. *Quand il était étudiant, il ne se souciait pas de sa tenue.*
   When he was a student he ... about his clothes.
   a. didn't use to bother   **b.** wasn't used to bothering

4. *Il s'est habitué à mettre un costume tous les jours.*
   He's got ... a suit every day.
   a. used to wearing   **b.** used to wear

5. – *Est-ce que vous faisiez beaucoup de sport ? – Oui, mais je n'ai
   plus le temps maintenant.*
   – Did you ... a lot of sport? – Yes, but I don't have the time now.
   a. use to do   **b.** used to do
   c. used to doing

Now check your answers on p. 247.
How many did you get wrong? None?
Go straight to the exercises or:

REMEMBER

Ne pas confondre

1. *l'adjectif* **used to** :
    a. être habitué à :   **be used to + doing**
                                 be used to + somebody/something
    b. s'habituer à :   **get / become used to + doing**
                                 get / become used to +
                                 something/somebody

  I'm used to this climate.
  Je suis habitué à ce climat.
  You'll soon get used to typing.
  Vous vous habituerez vite à taper à la machine.

2. *l'auxiliaire* **used to + do** :
Cette construction implique toujours un changement à caractère permanent entre le passé et le présent ; elle décrit une situation en signalant qu'il n'en est plus ainsi au moment où l'on parle. Il n'y a pas forcément une idée d'habitude.
  I used to get up at six every day. *(Il fut un temps où) je me levais à six heures.* (Je ne le fais plus, j'ai moins de travail ou moins de courage, etc.)
La forme négative est **didn't use to + do** ou **never used to + do**.

3. *le nom* **use**, qui se prononce avec s dur (rime avec **juice**) :
  I don't see the use [s dur !] **of this.** *Je n'en vois pas l'utilité.*
  It's no use trying to talk to him. *Il est inutile d'essayer de lui parler.*

4. *le verbe ordinaire* **to use,** qui se prononce avec le son [z] (rime avec **booze**) :
  – I can't open it. – Use [z !] **a knife.**
  Je n'arrive pas à l'ouvrir. – Prenez (utilisez) un couteau.

> **Don't say...**
> * I'm used to take the train.
> * I used to taking the train.
> **Say...**
> I used to take the train. *(Autrefois je prenais le train.)*
> I'm used to taking the train. *(J'ai l'habitude de prendre le train.)*

EXERCISES

A. Put the verbs in brackets into the appropriate form and translate the sentences into French

1. I can remember when we used to (go) out together.
2. The trouble was, we became too used to (be) with one another.
3. I used to (know) what you were going to say even before you said it.
4. I'm not used to (be) told what to do.
5. You should be used to (use) a computer now.

B. Translate into English

1. *J'ai eu du mal à m'habituer à conduire à gauche.*
2. *Est-ce que vous alliez à l'école en bus ?*
3. *Non, nous prenions le train.*
4. *Ce n'est pas la peine de vous en prendre à moi !*
5. *À quoi sert d'essayer de lui parler ?*

Answers on p. 252.

THAT'S ALL, FOLKS!

<table>
<tr><td>**10**</td><td>CONDITIONNELS
Would, should, could, etc.</td></tr>
</table>

TEST: Choose the right answer

1. *Si j'avais plus de temps, je m'entraînerais tous les jours.*
   If I had more time, I ... every day.
   a. would train   **b.** would be training
   c. should train   **d.** should be training

2. *Si j'avais su, je ne serais pas venu.*
   If I had known, I ... .
   a. wouldn't come   **b.** wouldn't have come
   c. wouldn't came   **d.** wouldn't be coming

3. *Si je n'étais pas malade, je serais occupé à faire un bonhomme de neige.*
   If I wasn't ill, I ... a snowman.
   a. would make   **b.** would making
   c. would be making   **d.** would have made

4. *Si je n'avais pas été malade, j'aurais été occupé à faire un bonhomme de neige.*
   If I hadn't been ill, I ... a snowman.
   a. would made   **b.** would have been making
   c. would been making   **d.** would have made

5. *C'est toujours un plaisir de te voir. Tu devrais venir plus souvent.*
   It's always a pleasure to see you. You ... come more often.
   a. should   **b.** ought to
   c. would have to   **d.** must

6. *Il aurait pu se faire mal.*
   He ... himself.
   a. would have hurt   **b.** could hurt
   c. could have hurt   **d.** could be able to hurt

7. *Accident d'avion. Dix personnes auraient été tuées.*
   Plane crash. Ten people ... killed.
   a. would have been   **b.** are reported
   c. would be   **d.** should be

8. – *Nous pourrions leur faxer le document.* – *Bonne idée.*
   – We ... them the document. – Good idea.
   a. could fax   **b.** could be faxing
   c. would be able to fax   **d.** could have faxed

Now check your answers on p. 247.
How many did you get wrong? None?
Go straight to the exercises or:

REMEMBER

1. Le conditionnel présent (« il ferait ») se traduit le plus souvent par **would + do** ou **would + be doing**.
If I knew, I would tell you.
Si je le savais, je te le dirais. (Simple hypothèse.)
I wouldn't be telling you this if you weren't my friend.
Je ne te dirais pas cela si tu n'étais pas mon ami. (Mais je suis là en train de te le dire.)

2. Le conditionnel passé (« il aurait fait ») se traduit le plus souvent par **would + have done** ou **would + have been doing**.
He would have played the piano if he hadn't sprained his wrist.
Il aurait joué du piano s'il ne s'était pas foulé le poignet. (Simple hypothèse.)
He would have been playing the piano if he hadn't sprained his wrist.
Il aurait été en train de jouer du piano/Nous l'aurions trouvé à son piano s'il ne s'était pas foulé le poignet. (Commentaire sur une situation précise.)

N.B. Dans ce type de phrases, l'emploi de **should** au lieu de **would** à la première personne est en nette régression.

3. L'emploi du conditionnel pour atténuer une affirmation (style journalistique) ne se traduit pas par **would**.
M. Smith serait ruiné (dit-on).
Mr Smith is reported to be ruined.
Some say Mr Smith is ruined.

4. Pour les formes du conditionnel de « devoir » et « pouvoir » (devrait/pourrait, aurait dû/pu), on emploie le plus souvent **could, might, ought** et **should**. Voir aussi pp. 52, 63.

Don't say...	Say...
Pour le présent (je travaillerais) :	*Pour le présent (je travaillerais) :*
* I would worked.	I would work.
* I would working.	I would be working.
Pour le passé (j'aurais travaillé) :	*Pour le passé (j'aurais travaillé) :*
* I would worked.	I would have worked.
* I would have working.	I would have been working.
* I would been working.	I would have been working.

EXERCISES

A. Complete the translation

1. *Si le prix n'était pas intéressant, personne ne l'achèterait.*
   If the price ... right, no one ... it.

2. *Sans cet incident stupide, nous aurions gagné.*
   If it hadn't been for that stupid incident, we ... won.

3. *Bien sûr, je pourrais toujours en parler à Cathy, mais je n'en ai pas envie.*
   Of course, I ... always mention it to Cathy, but I don't want to.

4. *Jamie aurait été occupé à peindre la maison s'il avait pu obtenir un congé.*
   Jamie ... the house at the moment, if he ... time off work.

5. *Elle aurait fait fortune en vendant des allumettes (mais ce n'est qu'une rumeur).*
   She ... made a fortune selling matches (but that's just what people say).

B. Translate into English

1. *Si Alison avait su, elle ne serait jamais allée faire du ski.*
2. *J'aimerais arriver vers neuf heures.*
3. *Ça aurait pu être n'importe qui, à vrai dire.*
4. *Si tu avais insisté, je te l'aurais envoyé par avion.*
5. *Je croyais qu'elle aurait passé un coup de fil à Paul.*

Answers on p. 252.

THAT'S ALL, FOLKS!

<table>
<tr><td>**11**</td><td>**JE DOIS/IL FAUT**
Must/have to</td></tr>
</table>

TEST: Choose the right answer

1. *À quelle heure devez-vous vous lever demain ?*
   What time ... get up tomorrow?
   a. must you   **b.** do you have to   **c.** you must

2. *Je ne céderai pas. Si tu veux de la glace, il faut finir tes carottes.*
   I'm not giving in. If you want ice-cream, you ... eat up your carrots.
   a. must   **b.** have to

3. *J'ai dû acheter un nouveau costume ; l'ancien était trop serré.*
   I ... a new suit. The old one was too tight.
   a. had to buy   **b.** must buy   **c.** must have bought

4. *Il vous faudra confirmer deux jours à l'avance.*
   ... confirm two days in advance.
   a. You'll must   **b.** You'll have to

5. *Il faut faire quelque chose.*
   a. It must do something.   **b.** Something must be done.
   c. It must be done something.

6. *Le docteur a dit que tu devais prendre ce médicament.*
   The doctor said you ... take this medicine.
   a. must   **b.** had to   **c.** have to

7. *Ce n'est pas la peine de tout imprimer.*
   You ... print it all out.
   a. needn't   **b.** mustn't

8. *On se sent plus libre quand on ne doit pas travailler.*
   One feels freer when one ... work.
   a. mustn't   **b.** needn't   **c.** doesn't have to

9. *Vous ne devez pas bouger de votre lit.*
   You ... stir from your bed.
   a. mustn't   **b.** needn't   **c.** don't have to

Now check your answers on p. 247.
How many did you get wrong? None?
Go straight to the exercises or:

REMEMBER

1. Au présent, l'obligation se traduit par **must**, **have to**, quelquefois **have got to**. **Must** traduit la volonté de celui qui parle, alors que **have to** exprime une obligation impersonnelle (ce qu'il faut faire parce que c'est comme ça).

"You must show me your passport," the customs officer said.

« Il faut me présenter votre passeport », dit le douanier.

Of course, you have to show your passport, but it doesn't take long.

Bien sûr, il faut présenter son passeport, mais ça ne prend pas longtemps.

2. Au passé, la différence disparaît et on emploie **had to**.
On peut cependant trouver **must** dans une subordonnée.

L'employé a dit que je devais le refaire.

The clerk said I must do it again.

3. Le futur (je devrai..., il faudra que je...) se traduit par **I'll have to**.

4. À la forme négative, ne pas confondre *interdiction* et *absence d'obligation* :

Tu ne dois pas sortir (je te l'interdis). **You mustn't go out.**

Tu n'es pas obligé de sortir (je t'en dispense). **You needn't go out.**

Tu n'es pas obligé de sortir (rien ne t'y oblige). **You don't have to go out;** ou **You don't need to go out.**

Remarquer aussi **needn't have done**, qui signifie que quelque chose a été fait inutilement (dispense *a posteriori*). Comparer :

You needn't tell me. I know.

Tu n'as pas besoin de me le dire. Je sais.

You needn't have told me. I knew.

Ce n'était pas la peine de me le dire. Je savais.

5. Attention à la traduction de « il faut » :

Il faut que tu viennes. **You must come.**

Il faudra que j'y aille. **I'll have to go.**

Don't say...
* I will must go shopping tomorrow.
* I must go shopping yesterday.
* It must that I go shopping.
* It must be done something.
Say...
I'll have to go shopping tomorrow.
I had to go shopping yesterday.
I must go shopping *ou* I have to go shopping.
Something must be done.
Notice
You mustn't go. ≠ You don't have to go/You needn't go.

EXERCISES

A. Complete the translation. Put the verbs in brackets into the appropriate form

1. *Grâce à notre ami, nous n'avons pas eu à trouver notre chemin nous-mêmes.*
   Thanks to our friend, we (not find) our own way.

2. *Ils seront obligés de revenir demain.*
   They (come) back tomorrow.

3. *La presse ne doit rien savoir. Cela doit rester secret.*
   The press (not know) anything. It (remain) a secret.

4. *Un de ces jours, il faudra que je vous présente ma sœur.*
   One of these days, I (introduce) you to my sister.

5. *Tous les candidats doivent joindre une lettre manuscrite à leur CV.*
   All applicants (enclose) a handwritten letter with their CVs.

B. Translate into English

1. *T'es obligé de faire tout ce bruit ?*
2. *Il ne faut pas dire des choses comme ça. C'est dangereux.*
3. *Il se fait tard. Il faut vraiment que je parte.*
4. *Vous devrez avoir un compte en banque si vous percevez un salaire.*
5. *Inutile de vous tracasser pour ça.*
6. *Dans ce cas, ce n'était pas la peine que je me lève si tôt.*

Answers on p. 253.

THAT'S ALL, FOLKS!

DEVRAIT/AURAIT DÛ
Should, ought to

TEST: Choose the right answer

1. *Nous devrions nous rencontrer plus souvent.*
   We ... meet more often.
   a. should to   **b.** should

2. *En principe, je devrais dire non. Mais ce sont des amis de la famille.*
   By rights, I ... say no, but they're friends of the family.
   a. ought   **b.** ought to
   c. should to

3. *Ça ne devrait pas prendre trop longtemps.*
   It ... take too long.
   a. shouldn't   **b.** shouldn't to
   c. oughtn't

4. *À cette heure-ci, ils devraient être à l'entraînement.*
   At this time of day, they ... .
   a. should train   **b.** should be training

5. *Vous auriez dû le savoir.*
   a. You should know   **b.** You should known
   c. You should have known

6. *Je n'aurais pas dû démissionner.*
   a. I shouldn't have resigned   **b.** I shouldn't resigned
   c. I shouldn't resign

7. *Tu aurais dû être au travail et non en train de regarder la télévision.*
   You ..., not watching television.
   a. should work   **b.** should have worked
   c. should be working   **d.** should have been working

8. *Il faut toujours lire le mode d'emploi.*
   ... the instructions.
   a. It always ought to read   **b.** You always ought to read
   c. You ought to always reading

9. *Il devrait y avoir un arrêt de bus ici. C'est ce qui a été décidé.*
   ... a bus stop here. That's what was decided.
   a. It ought to be   **b.** There ought to be
   c. It must be   **d.** There must be

10. *Il n'aurait pas dû y avoir de colis devant la porte de secours.*
    ... any parcels in front of the emergency door.
    a. There shouldn't been   **b.** There shouldn't have been
    c. It shouldn't been   **d.** It shouldn't have been

Now check your answers on p. 247.
How many did you get wrong? None?
Go straight to the exercises or:

REMEMBER

1. Lorsque « devrait » exprime un conseil, on le traduit par **should (do)** ou **ought *to* (do)**. Ce dernier est plus insistant.
   You should tell me. You ought *to* tell me.
   Tu devrais me le dire.

2. Le passé, « aurait dû », qui exprime souvent un reproche, se traduit par **should have done, ought *to* have done**.
   You should have told me. You ought *to* have told me.
   Tu aurais dû me le dire.

3. L'emploi de la forme en -ing est possible :
   should be doing, should have been doing
   ought to be doing, ought to have been doing
   You should be working.
   You ought to be working.
   Tu devrais être en train de travailler.
   You should have been working.
   You ought to have been working.
   Tu aurais dû/étais censé être au travail.
   La forme négative **oughtn't to** est assez rare de nos jours.

4. **should** et (plus rarement) **ought to** peuvent également exprimer une supposition.
   If I'm not mistaken, there should be a post office round the corner.
   Si je ne m'abuse, il devrait y avoir un bureau de poste au coin de la rue.

Don't say...	Say...
* You should to train.	You should train.
* You ought train.	You ought to train.
* You should trained.	You should have trained.
* You ought to trained.	You ought to have trained.
* You should training.	You should be training.

EXERCISES

A. Complete the translation where necessary

1. *Faut-il accepter ?*
   ... I accept?

2. *Après tout ce travail, Ray devrait remporter le contrat.*
   After all that work, Ray ought ... get the contract.

3. *Que fais-tu ici ? Tu devrais être en train de travailler dans ton bureau.*
   What are you doing here? You ... in your office.

4. *Il y a des gens qui feraient bien de grandir un peu.*
   Some people really ... to grow up a bit.

5. *Je me demande si j'ai bien fait de prendre tant de risques.*
   I wonder if I should ... so many risks.

6. *En principe, je devrais réussir à m'échapper plus tôt.*
   In theory, I should ... manage to get away early.

B. Translate into English

1. *Marc ferait vraiment bien d'arrêter de fumer.*
2. *J'aurais dû prendre le train d'avant, mais j'ai été retenu.*
3. *Vous n'auriez pas dû essayer de reprendre l'affaire de votre père.*
4. *Tu as eu bien tort de ne pas venir avec nous ; c'était une soirée super.*
5. *Je pense que vous devriez accorder à votre secrétaire le bénéfice du doute.*
6. *Fallait-il refuser ?*

Answers on p. 253.

THAT'S ALL, FOLKS!

13 POSSIBILITÉ/PROBABILITÉ AU PRÉSENT
May/might/must/can't/could + do
May/might/must/can't/could + be doing

TEST: Fill in the blanks

1. *Vous devez être très fatigué.*
   You ... very tired.
a. must be	**b.** have to be
c. should be	**d.** may be

2. *Vous pouvez tomber en panne. Que ferez-vous dans ce cas ?*
   You ... a breakdown. What will you do then?
a. must have	**b.** may have
c. must be having	**d.** may be having

3. *Avec ce temps, les parapluies doivent se vendre comme des petits pains.*
   In this weather, umbrellas ... like hot cross buns.
a. must sell	**b.** must be selling
c. might be selling	**d.** might sell

4. *La concurrence doit avoir des espions.*
   The competition ... spies.
a. might have	**b.** may be having
c. must have	**d.** must be having

5. *À cette heure-ci, vous avez une chance de le trouver au pub.*
   At this time of day you ... him at the pub.
a. may find	**b.** might find
c. may be finding	**d.** might be finding

6. *Le pauvre gars a l'air aussi perdu que nous. Il ne doit pas être du coin non plus.*
   The poor chap looks just as lost as we are. He ... a local either.
a. mustn't be	**b.** can't be
c. mayn't be	**d.** can't have been

7. *Si j'avais une voiture, je pourrais t'emmener à l'aéroport.*
   If I had a car, ... you to the airport.
a. I might take	**b.** I could be taking
c. I could have taken	**d.** I could take

Now check your answers on p. 247.
How many did you get wrong? None?
Go straight to the exercises or:

REMEMBER
POSSIBILITÉ/PROBABILITÉ AU PRÉSENT

1. En plus de leur sens concret (**may** : autorisation, **must** : obligation, **can/could** : capacité), les auxiliaires modaux **may/might**, **must** et **could** ont un sens abstrait :
may, might : éventualité, incertitude, « il se peut que », « il se pourrait que » ;
must : probabilité, quasi-certitude, « devoir » ;
could : possibilité sous certaines conditions.

2. Lorsque le jugement porte sur des faits actuels ou à venir, on peut employer les constructions :
auxiliaire modal + do ou **auxiliaire modal + be doing**.
   Il se peut qu'il s'entraîne régulièrement.
   Perhaps he trains regularly. => He may/might train regularly.
   Il doit s'entraîner régulièrement.
   I suppose he trains regularly. => He must train regularly.
   Il est peut-être en train de s'entraîner.
   Perhaps he is training. => He may/might be training.
   Il doit être en train de s'entraîner.
   I suppose he is training. => He must be training.
   Si je n'étais pas malade, je pourrais m'entraîner régulièrement.
   If I wasn't ill, I could train regularly.
   Si je n'étais pas malade, je pourrais être à l'entraînement en ce moment.
   If I wasn't ill, I could be training.
Comparer avec la distinction entre présent simple et présent en **-ing** (voir p. 28).

3. Dans ce type de phrases, la négation de **must** est **can't** :
   He can't be training today. He's left his racket here.
   Il ne doit pas avoir entraînement aujourd'hui. Il a laissé sa raquette.

4. Le jugement peut être introduit par un verbe au passé. On emploie alors **might/must/could** (voir style indirect, pp. 178-179).
   Je me suis dit qu'il était peut-être/ne devait pas être à l'entraînement.
   I thought he might/couldn't be training.

Don't say...	Say...
* He must English.	He must be English.
* He must training.	He must be training.
* He mustn't be English.	He can't be English.

Notice

He must be English. *Il doit être anglais* (j'en suis presque sûr).

He may be English. *Il est peut-être anglais* (je n'en suis pas vraiment sûr).

He must train regularly. *Il doit s'entraîner régulièrement* (= je suppose qu'il s'entraîne régulièrement).

He must train regularly. *Il doit s'entraîner régulièrement* (= je veux qu'il s'entraîne régulièrement).

En français comme en anglais, ces phrases sont ambiguës. Seul le contexte permet de faire la différence.

EXERCISES

A. Complete the translation. Put the verbs in brackets into the appropriate form

1. *Il peut y avoir une erreur, mais ça m'étonnerait.*
   There (be) a mistake. But I'd be surprised.

2. *Vous plaisantez, sans doute.*
   You (joke).

3. *Vous avez peut-être raison là-dessus.*
   You (have) a point there.

4. *Qu'est-ce qu'on en sait ? Il pourrait toujours changer d'avis.*
   What do you know? He (always change) his mind.

5. *La société pourrait tenter de parler aux grévistes. Qu'en pensez-vous ?*
   The company (try) talking to the strikers. What do you think?

6. *Désolé, vous ne pouvez pas commander une autre tournée. Nous fermons.*
   Sorry, you (order) another round of drinks. We're closed.

7. *Tu ne commandes quand même pas une autre tournée. Tu es déjà complètement soûl.*
   You (order) another round of drinks. You're already totally drunk.

B. Translate into English

1. *Derek doit être en réunion : il n'est pas dans son bureau.*
2. *C'est ce qu'elle dit, mais il se peut très bien qu'elle mente.*
3. *Il ne sort quand même pas avec sa secrétaire !*
4. *Pas de réponse. Il doit regarder la télé.*
5. *Tu as toujours l'air fatigué ; tu dois trop regarder la télé.*
6. *Et dire que je pourrais être en train de jouer aux cartes avec mes amis !*
7. *Si c'est dimanche, il doit déjeuner avec sa sœur.*
8. *Pour un homme de votre expérience, ça ne doit pas être un problème.*

Answers on p. 253.

THAT'S ALL, FOLKS!

POSSIBILITÉ/PROBABILITÉ AU PASSÉ
May/might/must/can't/could + have done
May/might/must/can't/could
+ have been doing

TEST: Choose the right answer

1. *Ce type n'avait que des livres sterling. Il devait être anglais.*
   That guy only had sterling on him. He ... English.
   a. must be   **b.** must have been
   c. should be   **d.** must been

2. *– Que faisait-il là ? – Il devait attendre le bus.*
   – What was he doing there? – He ... for the bus.
   a. must have been waiting   **b.** must be waiting
   c. must wait   **d.** must waited

3. *Vous avez déjà dû rencontrer mon associé le 25 mars.*
   You ... my partner on March the twenty-fifth.
   a. must met   **b.** must have met
   c. must have been meeting   **d.** had to meet

4. *Vous n'avez quand même pas eu un autre accident !*
   You ... another accident!
   a. couldn't have   **b.** can't had
   c. mustn't have   **d.** can't have had

5. *Charles a l'air fatigué. Peut-être a-t-il trop regardé la télévision hier soir.*
   Charles looks tired. He ... too much television last night.
   a. might be watching   **b.** might watch
   c. may have watched   **d.** may have been watching

6. *Il ne nous a pas entendus. Peut-être regardait-il la télévision.*
   He didn't hear us. He ... the television.
   a. might be watching   **b.** might watch
   c. may have watched   **d.** may have been watching

7. *Ernest n'a pas dû trouver ça très drôle.*
   Ernest ... this very funny.
   a. mustn't find   **b.** can't have found
   c. mustn't have found   **d.** mustn't found

Now check your answers on p. 247.
How many did you get wrong? None?
Go straight to the exercises or:

REMEMBER

POSSIBILITÉ/PROBABILITÉ
PORTANT SUR LE PASSÉ

1. Lorsque le jugement de probabilité porte sur des faits anté-rieurs, deux constructions sont possibles :
modal + have done (jugement portant sur des événements envisagés comme achevés) ;
modal + have been doing (jugement portant sur des événe-ments en cours d'achèvement).
On ne retrouve plus la différence entre prétérit et present perfect.

> **Perhaps he read that book last night.** => He *may have read...*
> *Il se peut qu'il ait lu ce livre hier soir.*
> **Perhaps he has read that book.** => He *may have read...*
> *Il se peut qu'il ait lu ce livre* (un jour ou l'autre).
> **Perhaps he was reading that book.** => He *may have been reading...*
> *Peut-être lisait-il ce livre.*
> **Perhaps he's been reading that book.** => He *may have been reading...*
> *Peut-être vient-il de lire* (quelques pages de) *ce livre.*
> **I suppose he read that book last night.** => He *must have read...*
> *Il a dû lire ce livre hier soir.*
> **I suppose he has read that book.** => He *must have read...*
> *Il a dû lire/doit avoir lu ce livre.* (Il semble le connaître.)

I suppose he was reading that book. => He *must have been reading...*
Il devait être occupé à lire ce livre.
I suppose he's been reading that book. => He *must have been reading...*
Il a dû lire (quelques pages de) *ce livre.* (Il en tremble encore.)

2. Dans ce type de phrases, la négation de **must have** est **can't have** :
He can't have read that book.
Il n'a pas dû lire ce livre. (Il n'en connaît rien.)
He can't have been reading that book. *Il ne devait pas être occupé à lire... Il n'était quand même pas en train de lire...*

3. Le jugement peut être introduit par un verbe au passé. On emploie alors **might have/must have/could have** (voir style indirect, p. 178).
Je me suis dit qu'il avait peut-être lu ce livre.
I thought he might have read that book.
Je me suis dit qu'il avait sans doute lu ce livre.
I thought he must have read that book.

Don't say...	Say...
* He must been English.	He must have been English.
* He must been reading.	He must have been reading.
* He mustn't have read that book.	He can't have read that book.

Notice
I thought he must see a lot of films. *Je me suis dit qu'il devait voir beaucoup de films.* (Les faits évoqués se situent dans le même temps que le jugement.)
I thought he must have seen a lot of films. *Je me suis dit qu'il avait dû voir beaucoup de films.* (Les faits évoqués sont antérieurs au jugement.)
He must have read. *Il a dû lire/doit avoir lu* (achevé).
He must have been reading. *Il devait lire/doit venir de lire* (inachevé).

EXERCISES

A. Complete the translation. Put the verbs in brackets into the appropriate form

1. *Richard a dû penser que tu te moquais de lui.*
   Richard (think) you were making fun of him.
2. *Gary a peut-être remis le document dans l'autre fichier.*
   Gary (put) the document back in the other file.
3. *Tu aurais pu rester plus longtemps si tu l'avais voulu.*
   You (stay) longer if you'd wanted to.
4. *À voir leurs valises, ils devaient préparer un long voyage.*
   They (plan) a long trip, from the look of their cases.
5. *Ne me dites pas que Colin a encore changé d'avis !*
   Colin (change) his mind again!
6. *Sandra pensait (allait) peut-être finir ces lettres cet après-midi.*
   Sandra (be going) to finish those letters this afternoon.
7. *Ça fait peut-être un moment qu'il fait des économies.*
   He (save up) a long time.
8. *Ça devait faire un moment qu'il faisait des économies.*
   He (save up) a long time.
9. *Il n'était quand même pas en train de taper un rapport à minuit !*
   He (type) a report at midnight!
10. *La commande a dû arriver avant la date limite, sinon nous en aurions entendu parler.*
    The order (meet) the deadline, otherwise we would have heard.

B. Translate into English

1. *Larry n'a pas dû aller au travail aujourd'hui : les trains sont en grève.*
2. *Il se pourrait qu'il y soit allé à vélo, tu sais.*
3. *Jane n'aurait pas pu porter ses bagages toute seule.*
4. *Il devait chercher des histoires, ce type.*
5. *Il n'y a rien dans son agenda, donc il a dû rentrer chez lui.*
6. *Votre client ne devait pas être content. Il a tout renvoyé le jour même.*
7. *Ça a dû être difficile de décider qui engager.*
8. *La commande n'a pas dû arriver avant la date limite,*
9. *À l'époque, ça devait être un long voyage.*
10. *Ça a dû être un long voyage pour vous.*

Answers on pp. 253-254.

THAT'S ALL, FOLKS!

15	POUVOIR, SAVOIR FAIRE, ARRIVER À
	Can, could, be able to

TEST: Choose the right answer

1. *M. Morrison peut vous rappeler à 15 h 30.*
   Mr Morrison ... call you back at three-thirty.
   a. can   **b.** could   **c.** is able to

2. *Il y a vingt ans, je pouvais conduire toute une journée sans m'arrêter.*
   Twenty years ago, I ... drive for a whole day without stopping.
   a. was able to   **b.** managed to   **c.** could

3. *Bien que choqué, j'ai pu conduire jusqu'au commissariat.*
   Although I was in a state of shock, I ... drive to the police station.
   a. was able to   **b.** managed to   **c.** could

4. *Avez-vous pu joindre Mme Peterson hier soir ?*
   ... get in touch with Mrs Peterson last night?
   a. Could you   **b.** Did you manage to

5. *Je pourrai vous dire ça demain.*
   ... tell you that tomorrow.
   a. I'll be able to   **b.** I could   **c.** I can

6. *Je pourrais passer demain.*
   ... call in tomorrow.
   a. I'll be able to   **b.** I could   **c.** I can

7. *Ils n'ont pas réussi à se mettre d'accord sur le prix.*
   They ... agree on the price.
   a. couldn't   **b.** were unable to

8. *Est-ce que je peux utiliser votre téléphone ?*
   ... use your phone?
   a. Can I   **b.** May I   **c.** Could I

9. *Pourriez-vous m'apporter le dossier ?*
   ... bring me the file?
   a. Could you   **b.** Would you manage to   **c.** Can you

10. *Jacques ne sait pas nager.*
    James ... .
    a. doesn't know how to swim   **b.** can't swim
    c. doesn't know swimming

Now check your answers on p. 247.
How many did you get wrong? None?
Go straight to the exercises or:

REMEMBER

1. **I can** = je peux, je suis capable, j'ai la possibilité ; je sais (faire telle ou telle chose).

I can swim. *Je sais nager.*

Dans la langue courante, **can** exprime aussi souvent une idée de permission ; l'emploi de **may** est plus recherché (voir p. 68).

Can I use your pen? *Est-ce que je peux utiliser votre stylo ?*

May I use your pen? *Puis-je utiliser votre stylo ?*

2. Il existe plusieurs formes de passé :

a. je pouvais/savais faire (de façon permanente) : **I could** ;

Ce type pouvait travailler huit heures sans dire un mot.

That guy could work for eight hours without saying a word.

b. j'ai pu, j'ai réussi à (cette fois) : **I was able to** ou **I managed to** ;

Nous avons réussi à trouver le nouveau numéro de téléphone de Paul.

We managed to find Paul's new phone number.

c. La forme négative **couldn't** ne fait pas problème :

je ne pouvais pas : **I couldn't, I was unable to** ;

je n'ai pas pu : **I couldn't, I was unable to, I didn't manage to**.

Quand j'étais jeune, je ne supportais pas l'ail.

When I was younger I couldn't bear garlic.

Hier soir, je n'ai pas pu finir mes escargots.

Last night I couldn't finish my snails.

3. *Attention* : **could/couldn't** a également le sens d'un conditionnel : je pourrais/ne pourrais pas :

pourriez-vous ? **could you?**

je ne pourrais pas : **I couldn't** ;

j'aurais pu : **I could have + done.**

4. Le futur (« je pourrai/je saurai (faire) ») se traduit le plus souvent par **will be able to.**

Je pourrai venir. **I'll be able to come.**

Je ne pourrai pas venir. **I won't be able to come.**

5. **Can** et **could** s'emploient très souvent devant les verbes de perception (voir p. 32).

Don't say...	Say...
* I will can help you.	I'll be able to help you.
* Did you can to see them?	Were you able to see them? *ou* Did you manage to see them?
* I could finish my report last night.	I managed to/was able to finish my report last night.

Notice

Could you see them? *Pourriez-vous les voir ?*
≠ Were you able to see them? *ou* Did you manage to see them? *Avez-vous pu/réussi à les voir ?*

EXERCISES

A. Complete the translation

1. *Est-ce que tu arrives à lire les petits caractères ?*
   ... read the small print?

2. *Personne ne pourra t'aider si tu te conduis comme ça.*
   Nobody ... help you if you carry on like that.

3. *Puisque toutes les commandes avaient été envoyées, Sharon a pu rentrer en avance.*
   Since all the orders had been sent out, Sharon ... go home early.

4. *Monica saura t'expliquer comment utiliser l'ordinateur.*
   Monica ... explain how to use the computer.

5. *Jamie a su parler avant de savoir marcher.*
   Jamie ... talk before he ... walk.

6. *Pourriez-vous nous faxer vos nouvelles coordonnées ?*
   ... fax us your new contact details?

B. Translate into English

1. *Est-ce que vous savez conduire un train ?*
2. *Quand j'avais huit ans, je savais parler russe.*
3. *À dix-huit ans, je pouvais dormir trois heures par nuit et être en forme quand même.*
4. *Sue n'en croyait pas ses yeux.*
5. *Vous entendez quelque chose ?*
6. *J'ai réussi à régler le problème.*
7. *Jane ne pourra pas porter ses bagages toute seule.*
8. *Dommage qu'on ne puisse pas imprimer son argent soi-même.*
9. *Cette salle ne peut être utilisée pour des réunions que si elle a été réservée à l'avance.*
10. *Je ne vois rien.*

Answers on p. 254.

THAT'S ALL, FOLKS!

16 | PERMISSION ET ÉVENTUALITÉ
May/might, be allowed to

TEST: Choose the right answer

1. *Puis-je utiliser votre téléphone ?*
   ... use your phone?
   a. Can I   **b.** May I   **c.** Might I

2. *Vous pouvez partir maintenant.*
   You ... go now.
   a. can   **b.** could   **c.** may

3. *À l'époque, on pouvait encore fumer dans les trains de banlieue.*
   In those days you ... smoke on suburban trains.
   a. might still   **b.** could still   **c.** were still allowed to

4. *Ils pourront se parler pendant un quart d'heure. C'est le règlement.*
   They ... talk for fifteen minutes. Those are the regulations.
   a. will may   **b.** will be able to   **c.** will be allowed to

5. *Pierre lui demanda s'il pouvait la revoir.*
   Peter asked if he ... see her again.
   a. could   **b.** might   **c.** was allowed

6. *Si ces boîtes étaient périmées, ils n'auraient pas le droit de les vendre.*
   If those tins were past their sell-by date, they ... sell them.
   a. couldn't   **b.** mightn't
   c. wouldn't be allowed to

7. *Avec ce certificat, ils auraient eu le droit de les vendre.*
   With this certificate, they ... them.
   a. might have sold   **b.** would have been allowed to sell
   c. might sell

8. *Cessez de bavarder ; le grand chef peut arriver d'un moment à l'autre.*
   Stop gossiping. The big boss ... arrive any minute now.
   a. can   **b.** may
   c. could   **d.** might

9. *Ne touche pas ce tableau ; il risque de tomber.*
   Don't touch that painting. It ... fall.
   a. could   **b.** might
   c. may   **d.** can

10. *Le tableau aurait pu tomber.*
    The painting ... .
    a. would have been allowed to fall
    b. might fall
    c. might have fallen

Now check your answers on p. 247.
How many did you get wrong? None?
Go straight to the exercises or:

REMEMBER

1. On emploie l'auxiliaire modal **may** pour demander ou accorder une permission.
– May I smoke? – Yes, you may.
Might I correspond à « Pourrais-je ? ».

2. Dans une subordonnée au passé, **may** devient **might**.
Il demanda s'il pouvait fumer.
He asked if he might smoke.
Remarque : ces emplois de **may** et **might** appartiennent à un style soutenu ; la langue familière les remplace volontiers par **can** et **could** (voir p. 63).

3. Pour dire qu'une autorisation a été, sera, serait, aurait été accordée, on utilise le plus souvent **be allowed to** aux temps et modes correspondants, soit : **was allowed to**, **will be allowed to**, **would be allowed to**, **would have been allowed to**.

4. **May** et **might** expriment aussi une idée de risque ou d'éventualité (« il se peut que », « il se pourrait que »).

5. Si le jugement porte sur le passé, on utilise **may have done** et **might have done** (a pu faire, a peut-être fait ; aurait pu faire, aurait peut-être fait). Voir pp. 59-60.

Don't say...	Say...
* You will may smoke.	You will be allowed to smoke.
* He may English.	He may be English.
* He may reading.	He may be reading.
* He may been English.	He may have been English.
* He may been reading.	He may have been reading.

Notice
They may speak French. *Je les autorise à parler français.*
They may speak French. *Ils risquent de parler français.*
Comparer avec **must**, p. 56.

EXERCISES

A. Complete the translation. Put the verbs in brackets into the appropriate form

1. *Il y a beaucoup de vols sur lesquels on n'a pas le droit de fumer.*
   There are many flights on which you (smoke).

2. *Vous vous apercevrez peut-être que certains clubs ne vous laissent pas entrer sans cravate.*
   You (find) some clubs won't let you in without a tie.

3. *Leur lettre a des chances d'arriver demain, mais je n'y compterais pas trop.*
   Their letter (arrive) tomorrow, but I wouldn't count on it.

4. *Hier, le conseil d'administration a décidé que je pouvais vous proposer le contrat.*
   Yesterday, the board of directors decided I (offer) you the contract.

5. *Si le patient continue à aller mieux, il pourrait être autorisé à rentrer chez lui à la fin de la semaine.*
   If the patient continues to make progress, he (go home) at the end of the week.

B. Translate into English

1. *Les choses s'arrangeront peut-être quand notre entreprise commencera à se développer.*
2. *Il se pourrait que les automobilistes soient autorisés à se garer n'importe où pendant la grève.*
3. *Un de ces jours, toi et moi pourrons peut-être aller sur la lune.*
4. *Est-ce que je peux jeter un coup d'œil ?*
5. *Il a pu y avoir un malentendu.*

Answers on p. 254.

THAT'S ALL, FOLKS!

<table>
<tr><td>**17**</td><td>LE, LA, LES
The/Ø</td></tr>
</table>

TEST: Add 'the' or ø if no article is necessary

1. *Notre but est de protéger la nature.*
   Our aim is to protect ... nature.

2. *La vie est pleine de surprises.*
   ... life is full of surprises.

3. *La reine Elizabeth parla de son année horrible.*
   ... Queen Elizabeth talked about her horrible year.

4. *Avez-vous lu la vie de Malcolm X ?*
   Have you read ... life of Malcolm X?

5. *Le travail peut être à la fois exigeant et satisfaisant.*
   ... work can be both demanding and rewarding.

6. *Si tu regardes trop la télévision, tu vas devenir un légume.*
   If you watch ... television too much, you will turn into a couch potato.

7. *On ne peut pas demander aux gens de renoncer à leur week-end.*
   You can't expect ... people to give up their weekends.

8. *Le travail que vous avez fait sur ce projet était très intéressant.*
   ... work you did on that project was very interesting.

9. *Estimez-vous que la voiture est une bénédiction ou un fléau ?*
   Do you think ... motor-car is a blessing or a curse?

10. *J'ai laissé la voiture au parking de la gare et j'ai pris le train.*
    I left ... car in the station car park and caught ... train.

Now check your answers on p. 247.
How many did you get wrong? None?
Go straight to the exercises or:

REMEMBER

L'anglais emploie beaucoup moins l'article défini que le français. Principales différences :

I. ON N'EMPLOIE PAS « THE » DEVANT :

1. Généralités et abstractions :
- dénombrables pluriels et indénombrables dans leur sens général :
  Videos are cheaper in America. Frank doesn't like music.
- notions abstraites :
  Life is hard. Love is a mystery.
- les noms d'institutions :
  church, college, court, hospital, school, university.
Noter également **go to bed, be in bed.**
- les noms de moments rituels :
  Christmas, mass, breakfast, lunch, dinner.

2. Certains noms géographiques, en particulier :
- les noms de pays au singulier :
  Belgium, Brazil, Britain, Canada, England, France, Portugal, Switzerland...
- noms de rues, places, etc. :
  Oxford Street, Trafalgar Square, Kensington Gardens...

3. Les expressions de temps avec « next » et « last » :
   Next/last week, month, year, Monday, *la semaine/le mois/ l'année/lundi prochain(e)/dernier (dernière).*

4. Noms définis par un autre élément :
- titre + nom propre : **Captain Haddock.**
- nom commun + numéro : **Terminal 2.**

5. Noms précédés d'un génitif :
   Angela's boyfriend (voir Génitif).

6. Les noms désignant les parties du corps dans les phrases telles que :
   Je me suis cassé la jambe. **I've broken my leg.**
   Va te brosser les dents. **Go and brush your teeth.**

II. ON EMPLOIE « THE » DEVANT :

1. Noms de pays pluriels ou dérivés de noms communs :
the Netherlands, the United States, etc. ;
the United Kingdom, the European Union

2. Adjectifs employés collectivement :
The rich get rich and the poor get children.

3. Les expressions correspondant à « plus... plus », « plus... moins », etc. :
The more you work, the richer you are.

4. Les expressions **play the flute/the piano**, etc.

5. Les noms **cinema, circus, radio, theatre**.

Don't say...
* I like the nature.
* The gentlemen prefer the blondes.
* Do you know the colonel Bramble?
* What are you doing after the lunch?
* I want to go to the bed with you.
* I'll see you the next month.
Say...
I like nature.
Gentlemen prefer blondes.
Do you know Colonel Bramble?
What are you doing after lunch?
I want to go to bed with you.
I'll see you next month.

EXERCISES

A. Add 'the' or ø if no article is necessary and translate into French

1. ... Professor Smith said that ... nuclear physics had always been his favourite subject.
2. Don't let's start discussing the meaning of ... life now.
3. ... more you drink, ... more you want to drink.
4. ... poetry is harder to sell than ... fiction.
5. ... people who drink and drive now face tougher penalties.
6. Yes, but ... people you met last night will always get away with it.
7. When did you leave ... school and start ... work?
8. I'll see you after ... lunch, OK?
9. ... cat is ... mouse's fiercest enemy.
10. These beeps are meant to help ... blind.
11. ... iron is heavier than ... aluminium.
12. I'll tell you ... next time.

B. Translate into English

1. *Aimez-vous la musique ?*
2. *Andrew joue du piano.*
3. *Qu'est-ce qui est arrivé à l'oncle Albert ?*
4. *L'Allemagne a été réunifiée en 1990.*
5. *Comment est-ce que je peux aller au palais de Buckingham ?*
6. *Je suis allé trois fois aux États-Unis.*
7. *Est-ce que vous jouez au poker ?*
8. *Le docteur Boyle prend sa retraite le mois prochain.*
9. *Vous faites quelque chose pour la Saint-Sylvestre ?*
10. *Je suis allé à un concert avec lui, mais la musique ne m'a pas plu.*
11. *L'homme est un drôle d'animal.*
12. *Tu as vu la nouvelle copine de Chris ?*

Answers on pp. 254-255.

THAT'S ALL, FOLKS!

TEST: Add 'a' or 'an' or ø if no article is necessary

1. *Voilà une proposition utile.*
   That's ... useful suggestion.

2. *Frank a le dos solide.*
   Frank has ... strong back.

3. *Qu'est-ce qui a bien pu pousser Lee à devenir comptable ?*
   Whatever made Lee want to become ... accountant?

4. *Quel spectacle !*
   What ... sight!

5. *Avez-vous un ordinateur ?*
   Have you got ... computer?

6. *Apportez-moi une demi-bouteille de vin, s'il vous plaît.*
   Bring me ... of wine, please.

7. *Il a dit ça par plaisanterie.*
   He said it as ... joke.

8. *Sans marteau, vous n'y arriverez pas.*
   You won't manage it without ... hammer.

9. *Fume-t-il toujours la pipe ?*
   Does he still smoke ... pipe?

10. *Tu m'as donné un bon conseil.*
    You gave me ... advice.

Now check your answers on p. 247.
How many did you get wrong? None?
Go straight to the exercises or:

REMEMBER

I. ON EMPLOIE L'ARTICLE INDÉFINI DEVANT TOUT NOM DÉNOMBRABLE INDÉFINI.

PRINCIPALES SOURCES D'ERREUR :

1. Cas où le français n'emploie pas d'article :
a. noms de *professions* : **My brother is a painter.**
b. *exclamations* sur un dénombrable : **What a lovely girl!**
c. traduction de « *sans* » : **Don't go out without an umbrella.**
d. traduction de « *comme* », « *en tant que* » :
   As a friend, she's fabulous.
e. traduction de « *par* » : *Deux fois par semaine.* **Twice a week.**
f. description des *parties du corps* : **I have a sore throat.**

2. Certaines expressions dans lesquelles le français emploie un autre article : **smoke a pipe, make a fire, go to a restaurant**...

II. ON N'EMPLOIE PAS L'ARTICLE INDÉFINI DEVANT LES NOMS INDÉNOMBRABLES.

PRINCIPALES SOURCES D'ERREUR :

1. indénombrables singuliers :
● **work, weather, health**, etc., voir p. 92.
● **information, advice**, etc., voir p. 95.

2. indénombrables pluriels :
   trousers, shorts, pants, etc., voir p. 92.

3. exclamations sur un indénombrable (comparer avec le point 1.b ci-dessus) :
   What lovely weather! We had such lovely weather!

III. PLACE DE « A/AN »
Elle pose problème avec les mots **so, such, rather, quite** et **half**. Voici quelques exemples :
   C'est une si bonne idée.
   It's such a good idea (plus rarement : **It's so good an idea**, voir p. 120).
   C'est une assez bonne idée.
   It's rather a good idea.
   It's quite a good idea.

une demi-bouteille : **half a bottle**
une demi-heure : **half an hour**
une demi-douzaine : **half a dozen**
un demi-siècle : **half a century**, etc.

Don't say...	Say...
* My sister is nurse.	My sister is a nurse.
* Three times by month.	Three times a month.
* Let's go to the restaurant.	Let's go to a restaurant.
* What an awful weather!	What awful weather!
* Let me give you an advice.	Let me give you a piece of advice.
* I need a trousers.	I need a pair of trousers/some trousers.

EXERCISES

A. Add 'a' or 'an' or ø if no article is necessary and translate into French

1. The suspect managed to cross into Switzerland without ... passport.
2. Lisa has put ... advert in the paper for ... accommodation.
3. We have ... meeting once ... week.
4. As ... rule, we don't allow smoking in here.
5. Norman is still looking for ... work after all this time.
6. Henry's garden was ... work of art.

B. Translate into English

1. *Une demi-douzaine de photocopies suffiront.*
2. *Les gens du coin parlent un français plutôt étrange.*
3. *Il est très agréable comme ami et insupportable comme professeur.*
4. *Cromwell avait la tête ronde.*
5. *Je n'en voudrais pas comme garage.*
6. *C'était un si beau jardin !*

Answers on p. 255.

THAT'S ALL, FOLKS!

TEST: Choose the right answer

1. *Les échecs sont plus difficiles que les dames.*
   Chess is ... draughts.
   a. more difficult than   **b.** more difficult that
   c. difficulter than

2. *Pam est plus gentille avec son chien qu'avec son mari.*
   Pam is ... to her husband.
   a. more kind to her dog that   **b.** kinder to her dog that
   c. more kinder to her dog than   **d.** kinder to her dog than

3. *Olivier s'est toujours cru plus beau que son frère.*
   Oliver always thought he was ... his brother.
   a. handsomer than   **b.** handsomer that
   c. more handsome than   **d.** more handsome that

4. *Ce catalogue est moins complet que le précédent.*
   This catalogue is ... the previous one.
   a. less complete than   **b.** less complete as
   c. less complete that

5. *Jane est aussi grande que son frère.*
   Jane is ... her brother.
   a. so tall than   **b.** so tall as
   c. as tall as   **d.** as tall than

6. *Bill est moins efficace qu'on ne pourrait croire.*
   Bill is ... you would think.
   a. less efficient as   **b.** not as efficient as
   c. less efficient than

7. *Leur piscine est deux fois plus grande que leur maison.*
   Their swimming pool is ... their house.
   a. twice as big as   **b.** twice bigger than
   c. twice so big as

Now check your answers on p. 247.
How many did you get wrong? None?
Go straight to the exercises or:

REMEMBER

1. PLUS... QUE (comparatif de supériorité)
Deux possibilités :
a. **adj. + -er + than** : Tom is rich*er than* Mark,
pour les adjectifs courts (une ou deux syllabes d'origine saxonne) ;
b. **more + adj. + than** : Tom is *more* intelligent *than* Mark,
pour les adjectifs longs (plus de deux syllabes ou deux syllabes d'origine latine).

2. AUSSI... QUE (comparatif d'égalité) :
as + adj. + as : Tom is *as* rich *as* Mark.

3. MOINS... QUE (comparatif d'infériorité) :
not as + adj. + as : Mark is*n't as* rich *as* Tom,
ou, plus rarement :
less + adj. + than : Mark is *less* rich *than* Tom.
(not so... as, autrefois considéré comme la règle, est en nette régression).

4. Le pronom qui vient après le comparatif est très souvent sujet d'un verbe sous-entendu :
Tom est plus riche que moi = plus riche que je ne le suis.
Tom is richer than me : construction la plus courante, mais pas vraiment correcte.
Tom is richer than I am : correct.
Tom is richer than I : recherché.

5. Comparatifs de supériorité irréguliers :
bad => worse
far => farther (en principe pour une distance concrète)
    further (plus loin, en continuant ; « supplémentaire »)
good => better
ill => worse
old => elder (seulement dans le sens de « aîné » de deux).

6. PLUS ... PLUS, etc.
the + comparatif ... the + comparatif :
    The richer, the better.
    Plus on est riche, mieux ça vaut.
    The more you eat, the more you want to eat.
    Plus on mange, plus on a envie de manger.

The more I see him, the more I like him.
Plus je le vois, plus il me plaît.

7. *Attention à* : X FOIS PLUS QUE, qui se traduit le plus souvent par un comparatif d'égalité (X FOIS AUSSI... QUE) :
Mark is twice as rich as I am.
Mark is twice as rich as me.
Marc est deux fois plus riche que moi.
But Alex is ten times as rich as he is.
But Alex is ten times as rich as him.
Mais Alex est dix fois plus riche que lui.

EXERCISES

A. Choose the right answer and translate into French

1. You'll have to be ... if you want promotion.
   a. politer **b.** more polite

2. Why is it everyone else is always ... than me?
   a. more lucky **b.** luckier

3. Would you mind saying that ...?
   a. more slowly **b.** slowlierly

4. With the train strike, you'll need to leave home ... tomorrow.
   a. earlier **b.** more early

5. You'll need to work ... if you want to earn your commission.
   a. more hardly **b.** hardlier **c.** harder

6. If we go any ..., we'll be prosecuted for trespassing.
   a. further **b.** farther

7. Have you met my ... brother?
   a. older **b.** elder

8. I find Angela even ... than her sister.
   a. more fascinating **b.** fascinatinger

9. Some people think German is ... than English.
   a. difficulter **b.** more difficult

10. The ..., the ... .
    a. shorter ... better **b.** more short ... more better

B. Translate into English

1. *Tu connais cette route aussi bien que moi.*
2. *Si tu veux impressionner le patron, essaie d'arriver à l'heure plus souvent.*
3. *La société espérait remporter un contrat bien plus intéressant.*
4. *Plus vous utilisez votre modem, plus votre note de téléphone est élevée.*
5. *La nouvelle version est presque la même que la précédente.*
6. *Je me demandais si vous aviez eu d'autres idées sur ce projet ?*
7. *Heureusement qu'il n'est pas aussi vieux qu'il en a l'air !*
8. *Ce matériau est trois fois plus léger que l'aluminium.*
9. *Le roman est deux fois plus intéressant que le film.*
10. *C'est la même chose, sauf que c'est dix fois plus ennuyeux que l'original.*

Answers on pp. 255-256.

THAT'S ALL, FOLKS!

GÉNITIF (1)
L'ami de Jeanne

TEST: Choose the right translation

1. *Le vélo de la petite fille était cassé.*
   a. The bike of the little girl was broken.
   b. The little girl's bike was broken.
   c. The bike's little girl was broken.

2. *C'est le pull-over de Marc.*
   a. It is Mark's jumper.
   b. It is the Mark's jumper.
   c. It's the jumper of Mark.

3. *La réaction des journalistes est surprenante.*
   a. The journalists's reaction is surprising.
   b. The journalists' reaction is surprising.
   c. The journalist's reaction is surprising.

4. *Le dîner des enfants est sur la table.*
   a. The childrens' dinner is on the table.
   b. The dinner of the children is on the table.
   c. The children's dinner is on the table.

5. *Voici le fils de l'homme qui a été arrêté.*
   a. This is the son of the man who was arrested.
   b. This is the man who was arrested's son.
   c. This is the man's son who was arrested.

Now check your answers on p. 247.
How many did you get wrong? None?
Go straight to the exercises or:

REMEMBER

1. Le génitif exprime le plus souvent une relation de possession du type :

le A de B

traduite par :

B's A

le genou de Claire : **Claire's knee.**

L'article défini qui précède A (l'objet possédé) ne se traduit jamais.

2. En revanche, si B (le possesseur) est précédé d'un déterminant, celui-ci se traduit :

les bijoux de la *reine* : *the* **Queen's jewels**

le vélo du *facteur* : *the* **postman's bike**

la voiture de ma *mère* : *my* **mother's car**.

3. Si B (le possesseur) est au pluriel, on n'ajoute qu'une apostrophe :

le déjeuner des garçons : **the boys' lunch**

sauf s'il s'agit d'un pluriel irrégulier qui ne se termine pas par -s :

le déjeuner des enfants : **the children's lunch**.

4. L'emploi de cette construction est impossible :

a. s'il n'y a pas de relation de possession :

une question d'habitude : **a question of habit** ;

un livre de grammaire : **a grammar book** ;

b. si A (le possédé) est indéfini :

un ami de Jane : **a friend of Jane** ou **a friend of Jane's** ;

c. si B (le possesseur) est suivi d'une relative :

l'amie de la fille qui avait ri : **the friend of the girl who had laughed** ;

d. si B n'est pas un être animé :

le toit de la maison : **the roof of the house**.

Don't say...
* the Jane's boyfriend
* a habit's question
* a Jane's friend
* a Joseph Losey's film
* the girl who had laughed's friend
* the house's roof

Say...
Jane's boyfriend
a question of habit
a friend of Jane/a friend of Jane's
a film by Joseph Losey/a Joseph Losey film
the friend of the girl who had laughed
the roof of the house

EXERCISES

A. Choose the right answer and translate into French

1. Where have you put ...?
   a. the dog's bowl   **b.** the bowl of the dog

2. Have you seen ...? They're really super!
   a. Tom's bermuda shorts   **b.** the bermuda shorts of Tom

3. I'll have to ask ... .
   a. my parent's permission   **b.** the permission of my parents
   c. my parents' permission   **d.** my parents's permission

4. Running a car is ... .
   a. a household budget's most expensive item
   b. the most expensive item of a household budget

5. He was ... .
   a. the athlete who tested positive's coach
   b. the coach of the athlete who tested positive

6. Frank is ... .
   a. a Mark's friend   **b.** a friend of Mark   **c.** a friend of Mark's

B. Translate into English

1. *Les réactions des gens ne sont pas toujours ce qu'on attend.*
2. *Le voyage en Amérique de Clive a été une grande réussite.*
3. *La performance de l'avant-dernière équipe du tableau a été désastreuse.*
4. *La poignée de ma valise vient de casser.*
5. *L'écriture des médecins est souvent difficile à lire.*

Answers on p. 256.

THAT'S ALL, FOLKS!

<table>
<tr><td>**21**</td><td>GÉNITIF (2)
De, chez, à</td></tr>
</table>

TEST: Choose the right answer

1. – *À qui est cette clé ? – C'est celle de Paul.*
   – Whose key is this? – It's ... .
   a. at Paul   **b.** to Paul
   c. Paul's   **d.** the Paul's

2. *La soirée aura lieu chez Paul.*
   The party will be ... .
   a. at Paul's   **b.** at Paul   **c.** to Paul

3. *Y a-t-il une boulangerie par ici ?*
   Is there ... round here?
   a. a baker   **b.** a baker's

4. *Avez-vous encore le numéro de la semaine dernière ?*
   Have you still got ...?
   a. last week's issue   **b.** the issue of last week

5. *Après deux heures de travail, vous avez droit à un peu de repos.*
   After ... you deserve a little rest.
   a. two hours of work
   b. work's two hours
   c. two hours' work

6. *La politique de l'Angleterre est la même depuis des siècles.*
   ... has been the same for centuries.
   a. the policy of England
   b. England's policy
   c. The England's policy

Now check your answers on p. 247.
How many did you get wrong? None?
Go straight to the exercises or:

REMEMBER

En dehors des cas présentés pp. 82-84, on emploie le génitif :

1. pour dire «(ceci est) à Untel», «c'est celui/celle, etc. d'Untel» :
   – *À qui est ce livre ? – Je crois que c'est celui de Pierre/qu'il est à Pierre.*
   – **Whose book is this? – I think it's Peter's.**

Remarquer l'emploi de **whose** (génitif de **who**) pour poser la question.

Noter aussi : **that book of Peter's** : ce (fichu) livre qui est à Pierre.

2. pour dire «chez» :
   I'm at Mike's. *Je suis chez Mike.*
   I'm going to Mike's. *Je vais chez Mike.*

3. pour désigner des commerces :
   a baker's = a baker's shop : *une boulangerie*

4. avec des expressions temporelles indiquant :
   a. une date :
      Is this today's paper? *C'est le journal d'aujourd'hui ?*
   b. une durée :
      I think I need a week's holiday.
      Je crois que j'ai besoin d'une semaine de vacances.
      I think I need three weeks' holiday.
      Je crois que j'ai besoin de trois semaines de vacances.

5. avec des noms de pays, organismes, etc., considérés comme animés :
   England's reputation : *la réputation de l'Angleterre.*

Don't say...	Say...
* I am at Kate.	I am at Kate's.
* To who is that car?	Whose is that car?
* It is the book at/to/of Peter.	It is Peter's book.
* I need a holiday's week.	I need a week's holiday.

EXERCISES

A. Choose a., b. or c. and translate into French

1. This is where they're going to put ...!
   a. the school's new high-tech laboratory
   b. the new high-tech laboratory of the school

2. That's my drink. ... is on the piano.
   a. That of Peter   **b.** Peter's   **c.** The Peter's

3. Chianti is ... .
   a. Italy's best-known wine
   b. the best-known wine of Italy

4. Have you seen that CD ...? I promised to let him have it back.
   a. of Dave's   **b.** of Dave

5. Did you have ...?
   a. a good night of sleep
   b. a good night sleep
   c. a good night's sleep

B. Translate into English

1. *Allons tous chez Jenny.*
2. *Le film de ce soir est* Le train sifflera trois fois.
3. *Il faudra que quelqu'un aille chez le boucher.*
4. *Les vols de demain ont tous été annulés en raison de la grève.*
5. *William a eu quinze jours de vacances le mois dernier.*

Answers on pp. 256-257.

THAT'S ALL, FOLKS!

22	LES PRONOMS POSSESSIFS
	C'est à moi, le mien

TEST: Choose the right answer

1. *Ce manteau est à moi.*
   This coat is ... .
   a. my   **b.** at me   **c.** mine   **d.** to me

2. *Paul avait un billet, mais Henri ne trouvait pas le sien.*
   Paul had a ticket, but Henry couldn't find ... .
   a. his   **b.** the his   **c.** him   **d.** at him

3. *Lisa avait ses clés, mais Jeanne ne trouvait pas les siennes.*
   Liza had her keys, but Jane couldn't find ... .
   a. her   **b.** hers   **c.** the hers   **d.** at her

4. *M. Darcy était un de nos amis.*
   Mr Darcy was ... .
   a. a friend of us   **b.** a friend of our
   c. a friend of ours

Now check your answers on p. 247.
How many did you get wrong? None?
Go straight to the exercise or:

REMEMBER

1. Les pronoms possessifs (le mien, la mienne, les miens, les miennes, etc.) sont :

mine : *le mien*, etc.

yours : *le tien/le vôtre*, etc.

his : *le sien*, etc. (appartenant à un homme)

hers : *le sien*, etc. (appartenant à une femme)

ours : *le nôtre*, etc.

theirs : *le leur*, etc.

2. Les pronoms possessifs ne sont pas précédés de l'article et sont invariables :

Voici ma clé. Où est la tienne ?

Here's my key. Where's yours?

Voici mes gants. Où sont les tiens ?

Here are my gloves. Where are yours?

3. Remarquer que les pronoms possessifs s'emploient dans les expressions comme :

a. *C'est à moi.* **It's mine.**

C'est à vous, ça ? **Is this yours?**

La question correspondante se forme avec **whose** :

Whose coat is this?

À qui est ce manteau ?

b. *un de mes amis* : **a friend of mine.**

Comparer avec « l'ami de Jane ». Voir p. 82.

c. *cet ami à toi, cette maison qu'ils ont* : **that friend of yours, that house of theirs.**

EXERCISE

Fill in the blanks

1. *Nous avons invité des voisins à nous à venir manger un morceau ce soir.*
   We've invited some neighbours ... for a bite to eat this evening.

2. *Vous êtes sûr que ce verre est à elle ? Je croyais qu'elle ne buvait jamais une goutte d'alcool.*
   Are you sure that drink there is ...? I thought she never touched alcohol.

3. *J'espère que tu as tes clés, parce que je n'arrive pas à trouver les miennes.*
   I hope you've got your keys, because I can't find ... .

4. *Encore une de ses idées géniales, je parie.*
   Another brilliant idea ..., I bet.

5. *Vous ne pouvez pas le faire taire, votre fichu chien ?*
   Can't you get that dog ... to shut up?

6. *Harry et Sally ont rencontré des amis à nous pendant les vacances.*
   Harry and Sally met some friends ... on holiday.

7. *Les Smith se sont bien fendus pour ce nouvel ordinateur qu'ils ont acheté, hein ?*
   The Smiths have splashed out a bit on that new computer ..., haven't they?

8. *Je suis tout(e) à vous.*
   I'm ... .

9. *La maison est à eux, mais pas le terrain.*
   The house is ... but not the ground.

10. *Quand John aura joué, ce sera ton tour.*
    When John's had his go, you can have ... .

Answers on p. 257.

THAT'S ALL, FOLKS!

23	SINGULIER/PLURIEL (1) Un pantalon, un temps splendide

TEST: Fill in the blanks

1. *Où est mon pantalon ?*
   Where ...?

2. *Je suis venu avec trois maillots de bain.*
   I came with ... swimming trunks.

3. *Nous avons eu un temps splendide.*
   We had ... weather.

4. *Pamela a trouvé un nouveau travail.*
   Pam has found ... .

5. *Ce fut un merveilleux voyage.*
   It was ... .

6. *Les voyages sont ma passion.*
   ... my passion.

Now check your answers on p. 247.
How many did you get wrong? None?
Go straight to the exercise or:

REMEMBER

La distinction entre singulier et pluriel n'est pas toujours la même en anglais qu'en français.

1. Attention à tout ce qui est prévu pour deux jambes (indénombrables pluriels) : **briefs, knickers, pants, shorts, swimming trunks, tights, trousers.** L'accord se fait au pluriel :

Où est mon short ? **Where are my shorts?**

Pour préciser un nombre d'objets, on insère **pair** :

J'ai acheté trois pantalons. **I've bought three pairs of trousers.**

Il me faut un collant. **I need some tights/ a pair of tights.**

2. Les indénombrables singuliers

Quand nous disons « du pain », nous considérons le pain comme une masse indivise. Quand nous disons « un pain », « deux pains », etc., nous nous représentons un ou plusieurs objets dénombrables.

L'anglais est moins souple :

du pain : **bread, some bread**

un pain : **a loaf of bread** = *une miche de pain*

deux pains : **two loaves of bread.**

Le mot **bread** reste indénombrable. Il ne peut être directement précédé de l'article **a**, et est toujours singulier.

a. noms singuliers ou pluriels en français : **bread, soap, travel, work** et quelques autres.

He bought a loaf of bread.

Two bars of soap, please.

Il a trouvé un travail. **He's found a job.**

mais **a work of art** : *une œuvre d'art.*

travel : *les voyages* ; *un voyage* : **a trip, a journey.**

b. noms singuliers en français : **health, weather.**

Nous avons eu un temps magnifique.

We had lovely weather.

Dans mon métier, une bonne santé est essentielle.

In my job, good health is essential.

Don't say...	Say...
* a good health	good health
* a lovely weather	lovely weather
* a bread	a loaf/piece of bread
* a soap	a cake/bar of soap
* a trouser	a pair of trousers
* a trousers	some trousers
* three trousers	three pairs of trousers

EXERCISE

Fill in the blanks where necessary

1. *Qu'est-ce que tu as fait de mon short ? Je t'ai dit de ne pas le ranger.*
   What have you done with my ...? I told you not to put ... away.

2. *Je prends les transports en commun chaque fois que je le peux. Si nous les utilisions plus souvent, il y aurait moins de voitures sur les routes.*
   I use public ... whenever I can. If we used ... more often, there would be fewer cars on the roads.

3. *Passe-moi mon pantalon, tu veux ? Je vais le mettre dans la machine à laver.*
   Hand me my ... will you? I'll pop ... in the washing-machine.

4. *Vous croyez que vous pourrez trouver un logement ?*
   Do you think you can find ...?

5. *Croyez-moi, ce fut tout un travail.*
   Believe me, it was quite a ... .

6. *Une circulation dense signifie qu'il faut partir tôt et être très prudent.*
   ... heavy traffic means you have to leave early and be extra careful.

7. *Maggie a toujours un collant de rechange dans son sac à main.*
   Maggie always has a spare ... in her handbag.

8. *Une bonne santé est le résultat d'une alimentation saine.*
   ... is the result of a wholesome diet.

Answers on p. 257.

THAT'S ALL, FOLKS!

TEST: Fill in the blanks

1. *C'est un beau meuble.*
   It's a beautiful ... .

2. *J'ai besoin de quelques renseignements.*
   I need some ... .

3. *Mes cheveux sont trop longs. Je vais les faire couper demain.*
   My hair ... too long. I'll have ... cut tomorrow.

4. *Voilà une nouvelle intéressante.*
   That's an interesting ... .

5. *Les preuves sont accablantes.*
   The evidence ... overwhelming.

Now check your answers on p. 247.
How many did you get wrong? None?
Go straight to the exercise or:

REMEMBER

1. Certains indénombrables anglais correspondent à un pluriel en français. Voici les principaux :
baggage/luggage : *bagages*
furniture : *meubles*
public transport : *transports publics*
hair : *cheveux*

fruit : *fruits*
pasta : *pâtes*
spaghetti : *spaghettis*
spinach : *épinards*
toast : *toasts (pain grillé)*

advice : *conseils*
evidence : *preuves*
information : *renseignements*
knowledge : *connaissances (savoir)*
news : *nouvelles*
rubbish : *bêtises/déchets*

Exemples :
Where is your luggage? *Où sont vos bagages ?*
We'll have to buy some furniture. *Nous devrons acheter des meubles.*
What's the news? *Quelles sont les nouvelles ?*

2. Pour préciser un nombre d'objets, on insère un nom dénombrable comme **bit, item, piece, slice**, etc. :
une nouvelle intéressante : **an interesting piece of news**
trois toasts : **three slices of toast**.
On dit quand même **a hair** : *un cheveu, un poil isolé.*

Don't say...	Say...
* Where are your luggages?	Where is your luggage?
* What are the news?	What is the news?
* An interesting news	An interesting piece of news
* A luggage	An item of luggage
* Two furnitures	Two pieces of furniture
* Some informations	Some information

EXERCISE

Fill in the blanks where necessary

1. *Ces fruits ne semblent pas très mûrs. Mais ils le sont, madame !*
   ... n't look very ripe. But ..., Madam!

2. *Les ordures sont ramassées deux fois par semaine.*
   ... collected twice a week.

3. *Je ne crois pas que vous ayez une seule preuve de ce que vous dites.*
   I don't think you've got a single ... evidence for what you're saying.

4. *Tu ne crois pas que tu m'as donné assez de conseils comme ça ?*
   Don't you think you've given me more than enough ...?

5. *Il n'y a pas eu de nouvelles ce matin.*
   There ... no ... news this morning.

6. *C'est une information essentielle.*
   That's a fundamental ... information.

7. *Nos bagages ne sont pas encore arrivés. Où peuvent-ils être ?*
   Our ... not arrived yet. Where can ... be?

8. *Les épinards ont meilleur goût quand on les achète frais.*
   ... better when you buy ... fresh.

9. *Ses connaissances en informatique sont très limitées.*
   His ... of computers ... very limited.

10. *Beaucoup de ces informations se sont révélées fausses.*
    ... of ... turned out to be false.

Answers on p. 257.

THAT'S ALL, FOLKS!

25	SON, SA, SES
	His, her, its, their

TEST: Choose a., b., c. or d.

1. *On dit que Jeanne a empoisonné son amant.*
   They say Jane poisoned ... lover.
   a. his   **b.** her   **c.** its   **d.** their

2. *Marc est un type bien, mais je n'aime pas sa femme.*
   Mark's a nice guy, but I don't like ... wife.
   a. his   **b.** her   **c.** its   **d.** their

3. *L'arbre a perdu ses feuilles.*
   The tree has lost ... leaves.
   a. his   **b.** her   **c.** its   **d.** their

4. *Le dimanche, Paul va voir ses parents.*
   On Sundays Paul goes and sees ... parents.
   a. his   **b.** her   **c.** its   **d.** their

5. *Le gouvernement tenta de justifier sa politique.*
   The government tried to justify ... policy.
   a. his   **b.** her   **c.** its   **d.** their

6. *Personne de sensé n'irait faire une chose pareille.*
   No one in ... right mind would go and do such a thing.
   a. his   **b.** her   **c.** its   **d.** their

7. *Le groupe avait fini sa collation.*
   The party had finished ... tea.
   a. his   **b.** her   **c.** its   **d.** their

Now check your answers on p. 247.
How many did you get wrong? None?
Go straight to the exercises or:

REMEMBER

1. Contrairement au français, l'adjectif possessif de la 3ᵉ personne (son, sa, ses) ne s'accorde pas avec le nom qui le suit, mais avec le genre du possesseur.

Si celui-ci est masculin, on emploie **his**.

S'il est féminin, on emploie **her**.

John adorait son fils. **John adored his son.**

John adorait sa fille. **John adored his daughter.**

Cathy adorait son fils. **Cathy adored her son.**

Cathy adorait sa fille. **Cathy adored her daughter.**

On peut aussi employer **his** ou **her** pour les animaux familiers :

Ma chienne reconnaît son nom.

My dog recognises her name.

2. Si « son », « sa », « ses », etc., renvoie à un nom neutre (objet, animal de sexe inconnu, institution), on emploie **its**.

Tout jeu a ses règles. **Every game has its rules.**

3. Si « son », « sa », « ses », etc., renvoie à un pronom indéfini (someone, somebody, etc.), on peut employer également **their**.

Quelqu'un avait oublié son parapluie.

Someone had forgotten their umbrella.

ou **Someone had forgotten his umbrella.**

ou **Someone had forgotten his or her umbrella.**

4. Si « son », « sa », « ses », etc., renvoie à un nom collectif, on peut aussi employer **their**.

Il critiqua la façon dont la presse avait fait son travail.

He criticised the way the press had done their/its job.

5. Le mot **ship** est, en principe, traité comme féminin.

The ship reached her next port of call two days later.

Le bateau atteignit sa prochaine escale deux jours plus tard.

Les noms d'autres véhicules et les noms de pays peuvent aussi être traités ainsi, ce qui ajoute une coloration affective à la phrase.

EXERCISES

A. Choose a., b., c. or d. and translate into French

1. *The ship has lost one of ... engines.*
   a. his   **b.** her   **c.** its   **d.** their

2. *The passenger couldn't find ... suitcase.*
   a. his   **b.** her   **c.** its   **d.** their

3. *A young woman was complaining about losing ... passport.*
   a. his   **b.** her   **c.** its   **d.** their

4. *England eventually renounced ... empire.*
   a. his   **b.** her   **c.** its   **d.** their

5. *The company doesn't wish to sell off ... premises.*
   a. his   **b.** her   **c.** its   **d.** their

B. Translate into English

1. *Notre société ne fait pas grand-chose pour ses personnes âgées.*
2. *Pamela n'avait pas vu son mari depuis cinq ans.*
3. *Lucie a demandé à Georges de porter ses bagages.*
4. *Elle est allée voir un ostéopathe parce que son dos lui donnait du souci.*
5. *Son train devait partir dans dix minutes et il n'avait toujours pas de taxi.*

Answers on p. 257.

THAT'S ALL, FOLKS!

LE SUPERLATIF
La plus belle fille du monde

TEST: Choose the right answer

1. *Gilles est le joueur le plus rapide de notre club.*
   Giles is ... player in our club.
   a. the most fast   **b.** the fastest

2. *C'est la meilleure histoire drôle que j'aie jamais entendue.*
   It's the best joke ... .
   a. which I've ever heard
   b. that I've ever heard
   c. I've ever heard

3. *C'est le plus intéressant des quatre films qui sortent cette semaine.*
   It's the most interesting ... the four films being released this week.
   a. of   **b.** in

4. *C'était le carrefour le plus dangereux de la région.*
   It was the most dangerous crossroads ... the area.
   a. in   **b.** of

5. *Je n'ai pas pu changer le plus gros des deux billets de banque.*
   I wasn't able to change ... of the two notes.
   a. the bigger   **b.** the biggest

Now check your answers on p. 247.
How many did you get wrong? None?
Go straight to the exercises or:

REMEMBER

1. LE PLUS
Deux possibilités :
a. Pour les adjectifs courts (voir p. 78) :
the + adj. + -est :
Tom is the richest man I know.
Tom est l'homme le plus riche que je connaisse.
b. Pour les adjectifs longs (voir p. 78) :
the + most + adj. :
Tom is the most intelligent man I know.
Tom est l'homme le plus intelligent que je connaisse.

2. REMARQUES :
● Après un superlatif, « que » se traduit par **that** ou reste sous-entendu ;
● **most + adj.** = très, extrêmement.
It was most interesting.
C'était extrêmement intéressant.

3. LE MOINS
the least + adj. :
Marc est le moins intelligent des trois frères.
Mark is the least intelligent of the three brothers.

4. LE MOINS/LE PLUS... POSSIBLE :
as + adjectif + as possible
le plus grand possible : **as big as possible**
le moins intéressant possible : **as uninteresting as possible**

5. Après un superlatif, « de » se traduit par :
● **in** ou **on** pour les compléments de lieu ou de temps :
the most beautiful girl in the world
the best offer on the market
● **of** s'il s'agit d'un ensemble d'éléments/dans les autres cas :
Dave is the worst of the lot.
Dave est le pire de toute la bande.

6. Lorsque l'on ne fait référence qu'à deux éléments, on emploie le comparatif et non le superlatif.
– Which car did you buy? – The cheaper of the two.
– Quelle voiture as-tu achetée ? – La moins chère des deux.

7. Superlatifs de supériorité irréguliers :
bad => **worst**
far => **farthest** ou **furthest** (voir p. 78)
good => **best**
ill => **worst**, quelquefois **most ill**
old => **eldest** (aîné de plus de deux)

EXERCISES

A. Choose the right translation and translate into French

1. It was the ... her life to marry Gilbert.
   a. worse idea of   **b.** worst idea in   **c.** worse idea in

2. The ... you can do is answer his letter of application.
   a. less   **b.** least   **c.** little

3. May ... win!
   a. the best man   **b.** the better man

4. She was the ... of ten children.
   a. elder   **b.** eldest

5. It's ... of my worries.
   a. the least   **b.** least

B. Translate into English

1. *Il achète toujours le beurre le moins cher.*
2. *Pat est la personne la plus agaçante que j'aie jamais rencontrée.*
3. *Ce serait la meilleure solution.*
4. *Je ne crois pas que j'aurais envie d'être l'homme le plus riche du monde.*
5. *Son ton est extrêmement déplaisant.*

Answers on pp. 257-258.

THAT'S ALL, FOLKS!

<table>
<tr><td>**27**</td><td>**ADJECTIFS COMPOSÉS**
A ten-foot barge pole</td></tr>
</table>

TEST: Choose the right answer

1. *Après trois heures de travail, vous avez bien droit à un peu de repos.*
   After ... you do deserve a little rest.
   a. three hours of work
   b. work's three hours
   c. three hours' work

2. *Vous devriez faire une demi-heure de natation deux fois par semaine.*
   You ought to go for a ... swim twice a week.
   a. half-hour's   **b.** half-hour

3. *Hier je suis allé courir deux heures.*
   Yesterday I went for a ... run.
   a. two-hours'   **b.** two-hour

4. *Je vais avoir quatre semaines de congé.*
   I've got ... holiday coming.
   a. four weeks'   **b.** four week

5. *Nous avons maintenant une semaine de trente-six heures.*
   We now have ... .
   a. a thirty-six hours' working week
   b. a thirty-six hour working week
   c. a working week of thirty-six hours

Now check your answers on p. 247.
How many did you get wrong? None?
Go straight to the exercises or:

REMEMBER

1. Pour les expressions de durée, on peut employer un génitif, en principe sans article indéfini :

two hours' work : *un travail de deux heures*

it's five minutes' walk : *une marche de cinq minutes*

three weeks' rest : *un repos de trois semaines.*

Remarquer aussi :

Donnez-moi pour une livre sterling/pour un dollar de cerises.

Please give me one pound's worth/a dollar's worth of cherries.

2. On peut aussi former un adjectif composé ; remarquer que les marques du pluriel disparaissent :

a two-hour work, a five-minute walk, a three-week rest.

3. Cette construction est également possible avec des expressions de poids, longueur, etc. :

La table fait deux mètres de long.

The table is two metres long.

Mais :

Une table longue de deux mètres.

A two-metre long table.

Je ne le toucherais pas avec des pincettes.

I wouldn't touch him with a ten-foot barge pole

(mot à mot : *avec une perche de dix pieds*).

Un 22 long rifle.

A twenty-two millimetre gun.

EXERCISES

A. Complete the translation

1. *Au lieu d'un cadeau, je vais t'offrir un bon d'achat de dix livres sterling.*
   Instead of a present, I'll give you ... voucher.

2. *Prends-moi un sac de deux kilos de pommes de terre.*
   Get me ... of potatoes, please.

3. *Henri fait des journées de douze heures.*
   Henry works a ... day.

4. *Comme je suis un peu à court d'argent, je ne vais prendre que trois livres d'essence.*
   I'm a bit short, so I'll just get ... petrol.

5. *Je n'ai pas eu l'occasion de voir le journal d'hier. Tu l'as encore ?*
   I didn't get to see ... . Have you still got it?

B. Translate into English

1. *La gare est à dix minutes à pied d'ici.*
2. *Charles avait besoin d'un lit de deux mètres de long.*
3. *Tous les écoliers anglais avaient une règle de douze pouces.*
4. *J'ai réservé un mois de vacances pour cet été.*
5. *Je n'ai eu que trois heures de sommeil cette nuit.*

Answers on p. 258.

THAT'S ALL, FOLKS!

28	ASSEZ, PLUTÔT, TOUT À FAIT Enough, rather, quite

TEST: Choose the right answer

1. *Paul a assez d'argent pour ça.*
   Paul has ... for that.
   a. enough money
   b. money enough
   c. enough of money

2. *Paul est assez riche pour ça.*
   Paul is ... for that.
   a. rich enough
   b. enough rich

3. *J'en ai assez entendu !*
   a. I have enough heard!
   b. I have heard enough!

4. *C'est plutôt barbant..*
   a. It's boring enough.
   b. It's rather boring.

5. *C'est un auteur assez célèbre.*
   a. He's a quite famous writer.
   b. He's a writer quite famous.
   c. He's quite a famous writer.

Now check your answers on p. 248.
How many did you get wrong? None?
Go straight to the exercise or:

REMEMBER

1. Traductions de « assez »

a. *suffisamment* = **enough**.

b. *assez, plutôt* = **rather** (sens négatif) :

   It was rather depressing. *C'était assez déprimant.*

Avec un adjectif de sens positif, **rather** exprime la surprise de celui qui parle.

   It was rather good, actually. *C'était plutôt bien, en fait.*

c. *plutôt, pas mal* = **quite** (sens positif) :

   It's quite pleasant. *C'est plutôt agréable.*

2. Place de **enough**

a. Dans la langue d'aujourd'hui, toujours devant le nom :

   Nous avons assez de travail pour un mois.

   We have enough work for a month.

b. Après l'adjectif ou l'adverbe :

   Il n'est pas assez fort. **He's not strong enough.**

c. Après le verbe :

   Tu en as assez dit comme ça. **You've said enough as it is.**

3. Place de **rather** et de **quite**

a. Devant le verbe simple, après l'auxiliaire :

   I rather like Tom. *J'aime bien Tom.*

   I haven't quite finished yet. *Je n'ai pas encore tout à fait fini.*

b. Devant l'article indéfini :

   It's quite a good job. *C'est un assez bon boulot.*

   It's rather a boring film. *C'est un film plutôt ennuyeux.*

4. *J'en ai assez, j'en ai marre* :

   I've had enough!

   That's quite enough!

   I'm fed up with this.

5. **Quite** signifie aussi « tout à fait » :

   It's quite perfect. *C'est absolument parfait.*

   It's quite impossible. *C'est tout à fait impossible.*

Remarquer qu'en français comme en anglais, il s'agit ici d'adjectifs exprimant des qualités non modulables : c'est parfait/impossible, etc., ou ça ne l'est pas.

> **Don't say...**
> * He's not enough strong.
> * I have enough worked for today.
> * a quite good job
> * a rather good job
> **Say...**
> He's not strong enough.
> I have worked enough for today.
> quite a good job
> rather a good job

EXERCISE

Translate into English

1. *Benjamin n'était pas encore assez grand pour aller à l'école.*
2. *Lara se demandait si elle aurait assez d'argent pour payer ses vacances.*
3. *Tu ne lis pas assez.*
4. *J'en ai assez de ce genre de propos.*
5. *Et c'est là que les choses sont devenues assez compliquées.*
6. *Il n'y avait pas assez de billets pour tout le monde.*
7. *Vous croyez que Phil est vraiment assez qualifié pour ce type de travail ?*
8. *Ne pas rouler assez vite peut aussi être dangereux.*
9. *Tu ne crois pas que tu as assez bu ?*
10. *Ce fut un séjour assez agréable, n'est-ce pas ?*

Answers on p. 258.

THAT'S ALL, FOLKS!

<table>
<tr><td>**29**</td><td>BEAUCOUP/BEAUCOUP DE
Much/many/a lot (of)</td></tr>
</table>

TEST: Choose the right answer

1. *Il y a toujours beaucoup de bouteilles vides après un pot au bureau.*
   There are always ... empty bottles after an office party.
   a. much   **b.** a lot of   **c.** many

2. *Cela ne nous laisse pas beaucoup de temps pour encaisser les chèques.*
   That doesn't leave us ... time to cash the cheques.
   a. much   **b.** many   **c.** a lot of

3. *Tu te sentiras beaucoup mieux après avoir mangé quelque chose.*
   You'll feel ... better after you've had something to eat.
   a. much   **b.** many   **c.** lots of

4. *Le programme ne dit pas grand-chose du metteur en scène.*
   The programme doesn't say ... about the director.
   a. much   **b.** a lot of   **c.** many

5. *– Est-ce qu'il y avait des touristes ? – Pas beaucoup.*
   – Were there any tourists? – ... .
   a. Not much   **b.** Not many   **c.** Not a lot of

Now check your answers on p. 248.
How many did you get wrong? None?
Go straight to the exercise or:

REMEMBER

1. Avec un verbe, on emploie **a lot** ou **(very) much** :
   Fred travaille beaucoup. **Fred works a lot.**
   Je l'aime beaucoup. **I like him a lot** ou **I like him very much.**
   Je ne l'aime pas beaucoup. **I don't like him much** ou **I don't like him a lot.**

2. Devant un nom, on peut toujours employer **a lot of, lots of** :
   We had a lot of work/lots of work to do. *Nous avons eu beaucoup de travail.*
   We had a lot of customers/lots of customers to serve. *Nous avons eu trop de clients à servir.*
   It's not a lot of work. *Ce n'est pas un travail énorme.*
   Did you have a lot of customers? *Vous avez eu beaucoup de clients ?*

   Supprimer **of** si le nom est sous-entendu :
   There were lots. *Il y en avait plein/des tas/ à la pelle.*

3. Dans les phrases négatives ou interrogatives, on utilise souvent **much** + indénombrable et **many** + dénombrable :
   It's not much work.
   Ça ne représente pas beaucoup de travail.
   Did you have many customers?
   Vous avez eu beaucoup de clients ?

4. BEAUCOUP PLUS
   a. Avec un verbe : **a lot more** :
      Fred needs to concentrate a lot more.
      Fred a besoin de se concentrer beaucoup plus.
   b. Devant un nom :
      beaucoup plus de travail : **a lot more work,** ou **much more work**
      beaucoup plus de clients : **a lot more customers** ou **many more customers.**
   c. Devant un adjectif : **a lot, much** ou **far** + comparatif (voir p. 78) :
      beaucoup plus riche/beaucoup mieux : **a lot richer/better, much richer/better, far richer/better**
      beaucoup plus intéressant : **a lot more interesting, much more interesting, far more interesting**

5. BEAUCOUP MOINS

a. Avec un verbe :

He worries a lot less now.

Il se tracasse beaucoup moins maintenant.

b. Devant un nom :

beaucoup moins de travail : **a lot less work, much less work** ;

beaucoup moins de clients se dit normalement **far fewer customers**, mais vous entendrez très souvent **a lot less customers**.

c. Devant un adjectif (court ou long) :

beaucoup moins riche : **a lot less rich, much less rich**

beaucoup moins intéressant : **a lot less interesting, much less interesting**

Don't say...	Say...
* I have much money.	I have a lot of money.
* I have many problems.	I have a lot of problems.
* Did you have many work?	Did you have much work?
* Did you have much customers?	Did you have many customers?

EXERCISE

Translate into English

1. *Après les vacances, Henri n'avait plus beaucoup d'argent.*
2. *Est-ce que vous fumez beaucoup ?*
3. *Tu n'as pas beaucoup bu ; tu n'as pas soif ?*
4. *Est-ce que tu as trouvé que la ville avait beaucoup changé ?*
5. *Frank n'a jamais pris beaucoup de risques.*
6. *Les Anglais font plein de courses en France.*
7. *Il a plu beaucoup moins cette année que l'année dernière.*
8. *Les jeux Olympiques d'Atlanta ont rencontré beaucoup de problèmes.*
9. *Je ne prends jamais beaucoup de bagages.*
10. *Est-ce que le médecin t'a posé beaucoup de questions ?*

Answers on p. 258.

THAT'S ALL, FOLKS!

TEST: Choose the right answer

1. *Du lait ? Il n'y en a pas, malheureusement.*
   Milk? There isn't ..., I'm afraid.
   a. some   **b.** any   **c.** one   **d.** none

2. *Du vin ? Il n'y en a pas, malheureusement.*
   Wine? There is ..., I'm afraid.
   a. some   **b.** any   **c.** one   **d.** none

3. *Un dictionnaire ? Il n'y en a pas, malheureusement.*
   A dictionary? There isn't ..., I'm afraid.
   a. some   **b.** any   **c.** one   **d.** none

4. *Des biscuits ? Il n'y en a pas, malheureusement.*
   Biscuits? There are ..., I'm afraid.
   a. some   **b.** any   **c.** one   **d.** none

5. *C'est une petite glace, ça. J'en ai commandé une grande.*
   That's a small ice-cream. I ordered ... .
   a. a large   **b.** a large one   **c.** one large   **d.** some large

6. *– Avez-vous une clé à molette à me prêter ? – J'en ai plusieurs.*
   – Have you got a spanner you could lend me? – I've got ... .
   a. several   **b.** several ones

7. *La machine à café ne marche pas bien. Tous les clients s'en plaignent.*
   The coffee machine isn't working properly. All the customers
   are complaining ... .
   a. some   **b.** in   **c.** about it   **d.** in it

8. *Il me reste encore quelques timbres. En voulez-vous ?*
   I've still got some stamps left. Would you like ...?
   a. some   **b.** any   **c.** of them

9. *Des frites ? Il n'y en a plus. Désolé.*
   Chips? There ... left. Sorry.
   a. aren't any   **b.** aren't some   **c.** are no longer

10. *Le café est prêt. Qui en veut ?*
    The coffee's ready. Who ...?
    a. wants one   **b.** wants any   **c.** wants some

Now check your answers on p. 248.
How many did you get wrong? None?
Go straight to the exercises or:

REMEMBER

1. « En » se traduit par **some** ou **any** si on ne précise pas la quantité.

Dans les phrases négatives, on peut aussi employer **none** :

J'en ai. **I've got some.**

Je n'en ai pas. **I haven't got any** ou **I have none** (recherché).

Y en a-t-il ? **Is there any?** ou **Are there any?**

2. « En » ne se traduit pas s'il est accompagné de « un peu », « quelques-uns », « beaucoup », etc., ou d'un nombre exact :

J'en ai un peu. **I've got a little.**

J'en ai quelques-uns. **I've got a few.**

J'en ai quatre. **I've got four.**

Donnez-m'en quatre. **Give me four, please.**

3. « En » se traduit par **one(s)** s'il est accompagné d'un adjectif :

J'en ai une bonne. **I've got a good one.**

Donnez-m'en deux grands et deux petits.
Give me two big ones and two small ones, please.

4. Si « en » n'exprime pas une idée de quantité, il se traduit le plus souvent par la préposition appropriée et un pronom :

Il m'en a remercié. **He thanked me for it.**

Vous en êtes responsable. **You're responsible for it.**

Attention aux verbes qui ne prennent pas de préposition en anglais :

J'en doute. **I doubt it.**

Comparer avec les traductions de « dont », p. 148.

5. Voir aussi p. 185.

EXERCISES

A. Complete the translation

1. *Je viens d'acheter ces cerises ; vous pouvez en prendre si vous voulez.*
   I've just bought these cherries. You can ... if you like.

2. *– Combien de sœurs avez-vous ? – J'en ai trois.*
   – How many sisters have you got? – I ... .

3. *– Est-ce que vous avez des dictionnnaires d'anglais ? – Oui, nous en avons deux.*
   – Have you got any English dictionaries?– Yes, we ... .

4. *– Combien de chambres y a-t-il ? – Il y en a deux petites.*
   – How many bedrooms are there? – There are ... .

5. *Notre société a fait un bon chiffre d'affaires cette année. Vous pouvez en être fiers.*
   Our company has had a good turnover this year. You can be proud ... .

B. Translate into English

1. *J'aurais voulu un peu de jambon, mais il n'y en a pas.*
2. *– Combien en avez-vous ? – J'en ai une demi-douzaine.*
3. *– Avez-vous une imprimante ? – J'en ai une vieille qui ne marche pas très bien.*
4. *Ces pommes sont toutes pourries. Je n'en mangerai pas.*
5. *Il y en a un de trop.*

Answers on p. 259.

THAT'S ALL, FOLKS!

PLUS/AUTANT/MOINS DE
LE PLUS/LE MOINS DE
More, as much, as many, less, fewer, etc.

TEST: Choose the right answer

1. *Nos concurrents ont plus de clients que nous.*
   Our competitors have more customers ... we do.
   a. than   **b.** that   **c.** as

2. *L'Astor a autant de chambres que l'Atlas.*
   The Astor has ... the Atlas.
   a. so many rooms as   **b.** so many rooms than
   c. as many rooms as   **d.** as many rooms than

3. *Fred boit autant de whisky que toi.*
   Fred drinks ... you.
   a. so much whisky as   **b.** so much whisky than
   c. as much whisky as   **d.** as much whisky than

4. *Marc est celui qui a le moins d'argent.*
   Mark is the one who has ... money.
   a. the less   **b.** the least   **c.** fewer

5. *Cette compagnie aérienne dessert moins de destinations que nous.*
   This airline serves ... we do.
   a. fewer destinations than   **b.** fewer destinations as
   c. less destinations than   **d.** less destinations as

6. *Voilà l'université qui a le plus d'étudiants.*
   That's the university with ... .
   a. the more students   **b.** the most students
   c. more students

7. *J'ai prévenu le plus de gens possible.*
   I've warned ... possible.
   a. the more people   **b.** the most people   **c.** as many people as

Now check your answers on p. 248.
How many did you get wrong? None?
Go straight to the exercises or:

REMEMBER

1. PLUS DE... QUE... (comparatif de supériorité)
On emploie **more... than...** dans tous les cas :
J'ai plus d'amis que... **I have more friends than...**
J'ai plus d'argent que... **I have more money than...**

2. MOINS DE... QUE... (comparatif d'infériorité)
On emploie **fewer... than...** avec un dénombrable et **less... than...** avec un indénombrable ou souvent le comparatif d'égalité à la forme négative.
J'ai moins d'amis que... **I have fewer friends than...**
ou (plus courant) **I haven't got as many friends as...**
J'ai moins d'argent que... **I have less money than...** ou **I haven't got as much money as.**

3. LE PLUS/LE MOINS DE... (superlatif)
C'est moi qui ai le plus d'amis/d'argent.
I have the most friends/the most money.
C'est moi qui ai le moins d'argent et le moins de soucis.
I'm the one who has the least money and the fewest worries.

4. LE PLUS/LE MOINS DE... POSSIBLE
as much/many/little/few... as possible. Comparer avec p. 79.
I wanted to ask as many friends as possible.
Je voulais inviter le plus d'amis possible.

5. AUTANT DE... QUE (comparatif d'égalité)
On emploie **as many... as...** avec un dénombrable et **as much... as...** avec un indénombrable :
autant d'amis que... **as many friends as...**
autant d'argent que... **as much money as...**
AUTANT, TELLEMENT DE : voir p. 119.

Don't say...	Say...
* more/fewer friends that	more/fewer friends than
* more/less money that	more/less money than
* as... than	as... as
* as... that	as... as
* as much friends	as many friends
* as many money	as much money
* less friends	fewer friends
* fewer money	less money
* he has the more money/friends	he has the most money/friends

EXERCISES

A. Complete the translation

1. *La Normandie n'avait jamais vu autant de touristes qu'en juin 1994.*
   Normandy had never seen ... in June 1994.

2. *Les Anglais boivent maintenant presque autant de vin que les Français.*
   The English now drink almost ... the French.

3. *Avec le nouveau système, il faudra téléphoner beaucoup moins.*
   With the new system, you'll need to make ... phone calls.

4. *Faites le moins de bruit possible en rentrant.*
   Make ... when you come in.

5. *Vous n'en saurez pas plus avant dimanche soir.*
   You won't know ... until Sunday night.

B. Translate into English

1. *J'en ai plus qu'assez.*
2. *Il y a moins de pollution maintenant qu'il y a quelques années.*
3. *Il y a autant de frictions qu'auparavant.*
4. *Ça prendra moins longtemps que tu ne penses.*
5. *Essaie de trouver le plus de témoins possible.*

Answers on p. 259.

THAT'S ALL, FOLKS!

TEST: Fill in the blanks

1. *Ne mange pas si vite ; tu vas avoir mal à l'estomac.*
   Don't eat ... fast – you'll get stomach-ache.
   a. so much   **b.** such   **c.** so

2. *Il a tellement d'amis qu'il ne sait plus leurs noms.*
   He's got ... friends he doesn't remember their names.
   a. such many   **b.** so many   **c.** so

3. *C'est tellement plus intéressant.*
   It's ... more interesting.
   a. so much   **b.** such   **c.** so

4. *Pourquoi vendre une aussi belle maison ?* (2 réponses possibles)
   Why sell ... house?
   a. a so beautiful   **b.** so beautiful a
   c. such a beautiful   **d.** a such beautiful

5. *Il nous restait si peu d'argent que nous sommes allés au consulat.*
   We had ... money left that we went to the Consulate.
   a. so few   **b.** such few
   c. so little   **d.** such little

6. *Il a vendu tellement peu de tableaux qu'il a dû prendre un emploi.*
   He's sold ... paintings that he's had to take up a job.
   a. so few   **b.** such few
   c. so little   **d.** such little

7. *Un tel homme ne vous trahira jamais.*
   ... will never betray you.
   a. A such man   **b.** So a man   **c.** Such a man

8. *Un tel courage est surprenant.*
   ... is surprising.
   a. A such courage   **b.** So courage
   c. Such courage   **d.** So a courage

9. *Il y a tellement plus d'étudiants que l'année dernière !*
   There are ... students than last year!
   a. so many more   **b.** so much more
   c. such more many   **d.** such many

10. *Ça représente tellement plus de travail !*
    It means ... work!
    a. such more   **b.** so much more
    c. so more   **d.** so many more

Now check your answers on p. 248.
How many did you get wrong? None?
Go straight to the exercises or:

REMEMBER
SO

Avec **so**, on peut avoir un adjectif seul :

1. si beau/tellement beau/ tellement plus beau
   The house is so beautiful. *La maison est si/tellement belle.*
   It's so much nicer. *C'est tellement plus agréable.*
   It's so much more comfortable. *C'est tellement plus confortable.*

Noter aussi :
It's so beautiful a house (rare) = **It's such a beautiful house.**

2. si peu de, autant de, tellement plus de
   a. avec un nom indénombrable, on emploie **so little, so much** et **so much more** :
   so little work : *si peu, tellement peu de travail*
   so much work : *autant, tellement de travail*
   so much more work : *tellement plus de travail*
   b. avec un nom dénombrable, on emploie **so few, so many** et **so many more** :
   so few customers : *si peu, tellement peu de clients*
   so many customers : *autant, tellement de clients*
   so many more customers : *tellement plus de clients*

3. avec un verbe, on emploie **so much** :
   Why does he drink so much? *Pourquoi boit-il autant ?*

SUCH

Avec **such**, il faut toujours un nom.

1. dénombrable :
a. singulier
   such a house : *une maison comme ça, une telle maison*
   such a beautiful house : *une si belle maison*
b. pluriel
   such good friends : *de si bons amis*

2. indénombrable :
   such wonderful weather : *un temps si merveilleux* (voir p. 92).

Noter que toutes les expressions de cet encadré peuvent correspondre à une exclamation. Voir aussi p. 168.

Don't say...	Say...
* It's so much nice.	It's so nice.
* It's so nicer.	It's so much nicer.
* so much customers	so many customers
* It's such nice.	It's so nice.
* a such house	such a house
* It's a such stupid story.	It's such a stupid story.
* a such splendid weather	such splendid weather

EXERCISES

A. Complete the translation

1. *Inutile d'envoyer autant de CV.*
   It's no use sending ... CV's (US: résumés).

2. *C'est fatigant de travailler si loin de chez soi.*
   It's tiring working ... from home.

3. *Henri nous a donné tellement de conseils que nous avons tout oublié.*
   Henry gave us ... advice that we have forgotten everything now.

4. *Je ne sais pas pourquoi on a eu tellement plus de visiteurs ce matin.*
   I don't know why we had ... visitors this morning.

5. *Le directeur a tellement travaillé qu'il a fait une dépression nerveuse.*
   The manager worked ... hard that he had a nervous breakdown.

6. *Quelle patience il faut pour devenir musicien !*
   You need ... patience to become a musician!

7. *On s'est tellement plus amusés l'été dernier !*
   We had ... fun last summer!

B. Translate into English

1. *Je me sens tellement mieux qu'hier !*
2. *Ça nous laisse tellement peu de temps que je ne suis pas sûr que nous puissions le faire.*
3. *Ils ont eu tellement de plaintes que le produit a été retiré.*
4. *Il faisait si beau que nous avons pique-niqué dans le parc.*
5. *Où avez-vous trouvé autant d'argent ?*
6. *Nous n'avons jamais eu si peu de candidats.*
7. *Sid avait tellement bu qu'il ne savait même plus comment il s'appelait.*
8. *Il parle tellement qu'on ne comprend pas ce qu'il dit.*

Answers on p. 259.

THAT'S ALL, FOLKS!

<table>
<tr><td>**33**</td><td>DU, DE LA, DES, etc.
Some, any, no, ø</td></tr>
</table>

TEST: Fill in the blanks

1. *Ma mère a acheté des gâteaux pour ce soir.*
   My mother has bought ... cakes for this evening.
   a. some   **b.** any   **c.** Ø*

2. *As-tu des tickets de métro à me prêter ?*
   Have you got ... metro tickets you can lend me?
   a. some   **b.** any   **c.** Ø

3. *Les hommes politiques n'aiment pas faire de concessions.*
   Politicians don't like making ... concessions.
   a. some   **b.** any   **c.** Ø

4. *Les voisins n'ont pas d'enfants.*
   The neighbours haven't got ... children.
   a. some   **b.** any   **c.** Ø

5. *Voulez-vous de la sauce, M. Smith ?*
   Would you like ... gravy, Mr Smith?
   a. some   **b.** any   **c.** Ø

6. *On a regardé des cassettes toute la nuit.*
   We watched ... videos all night.
   a. some   **b.** any   **c.** Ø

*Voir p. 70.

Now check your answers on p. 248.
How many did you get wrong? None?
Go straight to the exercises or:

REMEMBER

1. Lorsque « du », « de la », « des » signifient « une certaine quantité de » (sens partitif), on les traduit par

- **some** dans les phrases affirmatives :
  Nous avons de la bière/des gâteaux.
  We've got some beer/cakes.
- **some** si on s'attend à une réponse affirmative, en particulier pour proposer quelque chose (fausse question) :
  Voulez-vous de la bière/des gâteaux ?
  Would you like some beer/cakes?
- **any** si la réponse est inconnue (vraie question) :
  Y a-t-il de la bière/des gâteaux.
  Is there any beer?/Are there any cakes?

2. La forme négative (pas de, aucun) se traduit par

- **no** en début de phrase :
  Aucune autre bière n'est vraiment comme celle-ci.
  No other beer is quite like this one.
- **not any** ou **no** dans le courant de la phrase :
  Nous n'avons pas de bière/de gâteaux.
  We haven't got any beer/cakes.
  Il n'y a pas de bière/de gâteaux.
  There's no beer/There are no cakes.

3. Lorsqu'il n'y a pas de sens partitif, mais un sens général, on n'emploie pas ces mots :
  Buvez-vous de la bière ? (en général) **Do you drink beer?**
  Mangez-vous des gâteaux ? (en général) **Do you eat cakes?**
  Qu'est-ce que vous prendrez ? De la bière ou du vin ?
  What are you going to have? Beer or wine? (C'est le choix qui compte, pas la quantité.)

Don't say...	Say...
* There are any cakes.	There are some cakes.
* Is there some beer ?	Is there any beer ?
* Would you like any tea ?	Would you like some tea ?
* Not any cakes for me, thanks.	No cakes for me, thanks.

EXERCISES

A. Complete the translation

1. *Est-ce que tu as acheté des timbres quand tu es sorti ?*
   Did you get ... stamps while you were out?

2. *Va prendre de l'essence avant que la station ne ferme.*
   Go and get ... petrol before the filling-station closes.

3. *Pour une fois, nous n'avons pas eu de pluie en vacances.*
   For once, we didn't have ... rain on holiday.

4. *On n'a pas eu de pluie.*
   We had ... rain.

5. *Voulez-vous emporter des sandwiches ?*
   Would you like ... sandwiches to take with you?

6. *Avez-vous fait des courses hier ?*
   Did you do ... shopping yesterday?

B. Translate into English

1. *Il n'y a pas de solution en vue.*
2. *Si des lettres arrivent pour moi, voici ma nouvelle adresse.*
3. *Les Japonais ne boivent pas de lait.*
4. *Je n'aime aucune sorte de fromage.*
5. *Pas de nouvelles, bonnes nouvelles.*

Answers on p. 259.

THAT'S ALL, FOLKS!

TEST: Choose the right answer

1. *Cathy critique tout ce que font ses collègues.*
   Cathy criticises ... her colleagues do.
   a. everything   **b.** all

2. *C'est tout ce que vous avez besoin de savoir.*
   That's ... you need to know.
   a. everything   **b.** all

3. *Je me lève à six heures tous les jours.*
   I get up at six ... .
   a. every days   **b.** every day   **c.** all days   **d.** all the days

4. *Nous nous rencontrons toutes les trois semaines.*
   We normally meet ... three weeks.
   a. every   **b.** all   **c.** all the

5. *Toute la ville célébra la victoire de son équipe.*
   ... town celebrated their team's victory.
   a. All the   **b.** The whole   **c.** The all

6. *Phil a bu tout le champagne.*
   Phil has drunk ... champagne.
   a. all the   **b.** the whole

7. *J'ai vu tous les monuments.*
   I've seen ... sights.
   a. all the   **b.** the whole

8. *Je les ai tous vus.*
   I've seen ... .
   a. all them   **b.** them all   **c.** the whole of them

9. *Nous avons tous nos défauts.*
   We ... our shortcomings.
   a. all have   **b.** have all

Now check your answers on p. 248.
How many did you get wrong? None?
Go straight to the exercises or:

REMEMBER

1. « tout le », « toute la », « tous les... », etc. :

a. **all the...** :
   tout le vin : **all the wine**
   tous les invités : **all the guests**
   toute la ville : **all the town**
   All the guests knew her. *Tous les invités la connaissaient.*
   The guests all knew her. *Les invités la connaissaient tous.*

b. **the whole** + dénombrable singulier uniquement :
   the whole town = all the town.

2. « tous », « toutes » accompagnant un pronom :

- **all** vient après le pronom :
  Je les ai tous vus. **I have seen them all.**

- si le pronom est sujet, **all** se place comme suit :
  all + verbe
     Ils boivent tous du vin. **They all drink wine.**
  auxiliaire + **all** + verbe
     Ils ont tous bu leur vin. **They've all drunk their wine.**
  all + auxiliaire sans verbe
     – Have any of them drunk their wine? – They all have.
     Est-ce qu'il y en a qui ont bu leur vin ? – Tous.

3. « tout » employé seul :

sens de généralité (absolument tout, sans exception) = **everything** :
   I like everything he writes. *J'aime tout ce qu'il écrit.*
sens restrictif (cela et pas plus) = **all** :
   That's all we need. *C'est tout ce qu'il nous faut.*

4. dans les expressions temporelles :
   every day : *tous les jours, chaque jour*
   every other day : *tous les deux jours, un jour sur deux*
   every three weeks : *toutes les trois semaines*
   He sleeps all day/all day long. *Il dort toute la journée.*

Don't say...	Say...
* They drink all.	They all drink.
* I know all them.	I know them all/I know all of them.
* They've drunk the whole wine.	They've drunk all the wine.
* I know the whole customers.	I know all the customers.
* Every days I get up in the morning.	Every day I get up in the morning.
* All days I get up in the morning.	Every day I get up in the morning.
* the all film	all the film/the whole film
* Her mother knows all.	Her mother knows everything.

EXERCISES

A. Complete the translation

1. *Je ne peux pas prendre tous les appels en même temps.*
   I can't take ... calls at the same time.
2. *Nous avons passé toute la journée à ne rien faire sur la plage.*
   We spent ... day lazing on the beach.
3. *Le voleur leur racontait la même histoire à tous.*
   The thief told ... the same story.
4. *Comment s'est-il débrouillé pour perdre tout l'argent qu'ils avaient économisé ?*
   How did he manage to lose ... money they had saved?
5. *– Qui va à cette excursion ? – On y va tous.*
   – Who's going on this trip? – We ... .
6. *Ce magazine paraît tous les deux mois.*
   This magazine is published ...

B. Translate into English

1. *Tous les spectateurs avaient les larmes aux yeux.*
2. *Les pompiers ont réussi à sauver tous les clients.*
3. *On ne peut pas tout voir en si peu de temps.*
4. *Jenny se lave les cheveux tous les jours.*
5. *Il y a des gens qui croient tout savoir.*
6. *C'est tout ce que j'ai à dire.*

Answers on p. 260.

THAT'S ALL, FOLKS!

35	TROP, TROP PEU Too much/many/little/few

TEST: Choose the right answer

1. *Je crois qu'il y a trop de sel.*
   I think there is ... salt.
   a. too many   **b.** too much   **c.** so much

2. *Peut-être y a-t-il trop de cuisiniers.*
   Perhaps there are ... cooks.
   a. too many   **b.** so many   **c.** too much

3. *Vous parlez trop.*
   You talk ... .
   a. too   **b.** too much   **c.** too many

4. *Vous êtes trop aimable.*
   a. You're too much kind.   **b.** You're too kind.
   c. You're so kind.

5. *Frank en a trop dit, vous ne trouvez pas ?*
   Frank ..., don't you think?
   a. has too much said   **b.** has too said
   c. has said too much

6. *C'est une trop belle occasion.*
   It's ... .
   a. a too good opportunity
   b. too good an opportunity

7. *Il y avait trop peu de participants pour justifier la location du car.*
   There were ... participants to justify hiring the coach.
   a. too little   **b.** too few

8. *Il y avait beaucoup trop de candidats à cet emploi.*
   There were ... applicants for this job.
   a. many too   **b.** much too many   **c.** far too many

9. *Nous étions trop nombreux.*
   There were ... of us.
   a. too many   **b.** too much

10. *Je n'ai que cinq dollars. C'est trop peu.*
    I've only got five dollars. That's ... .
    a. too little   **b.** too few   **c.** not enough

Now check your answers on p. 248.
How many did you get wrong? None?
Go straight to the exercise or:

REMEMBER

1. « TROP BEAU » :
The house is too beautiful. *La maison est trop belle.*
It's too beautiful a house. *C'est une trop belle maison.*
Cette dernière construction est assez recherchée. Remarquer que l'ordre des mots y est le même qu'avec **so** (voir p. 119).

2. « TROP/TROP PEU DE » :
a. avec un nom indénombrable, on emploie **too little** et **too much** :
    too little work : *trop peu de travail*
    too much work : *trop de travail.*
b. avec un nom dénombrable, on emploie **too few** et **too many** :
    too few customers : *trop peu de clients*
    too many customers : *trop de clients.*

3. Avec un verbe, on emploie **too much** :
He drinks too much. *Il boit trop.*

4. Les expressions **too little/too few** sont fréquemment remplacées par **not enough** :
You talk too little. **You don't talk enough.**
There's too little bread. **There isn't enough bread.**
Too few people were interested. **Not enough people were interested.**
That's too little. **That's not enough.**

5. Pour « BEAUCOUP TROP », on ajoute **much** ou **far** :
a. *beaucoup trop bruyant* : **much too noisy**
b. « beaucoup trop de... » :
    far too much work : *beaucoup trop de travail*
    far too many letters : *beaucoup trop de lettres.*

Don't say...	Say...
* It's too much nice.	It's too nice.
* too much customers	too many customers
* too little customers	too few customers/not enough customers
* too many work	too much work
* too few work	too little work/not enough work
* He drinks too.	He drinks too much.

EXERCISE

Translate into English
1. *Cette fois-ci, Cathy est allée trop loin.*
2. *Certains disent qu'il y a trop de violence à la télévision.*
3. *Son histoire était trop bête.*
4. *Sa robe est beaucoup trop petite.*
5. *Les mariages entre collègues créent trop de difficultés.*
6. – *Combien d'enfants avez-vous ? – Trop pour mon goût.*
7. *C'est un trop grand problème.*
8. *On va à la plage ? Il fait beaucoup trop chaud pour travailler.*
9. *C'est une trop lourde responsabilité pour un seul homme.*
10. *Ne leur donnez pas trop d'informations.*
11. *Ça s'est passé beaucoup trop vite.*
12. *Est-ce que c'est trop demander ?*

Answers on p. 260.

THAT'S ALL, FOLKS!

TEST: Fill in the blanks

1. *Si étrange que cela puisse paraître, ils étaient tous deux en retard.*
   Strange as it may seem, ... late.
   a. both they were   **b.** they were both

2. *Ces châteaux ont tous deux été vendus.*
   ... castles have been sold off.
   a. These both   **b.** Both these

3. *Mes deux frères travaillent aux Nations Unies.*
   ... brothers work for the United Nations.
   a. My both   **b.** Both my

4. – *Parlez-en à Paul, ou à Cathy.* – *Je ne veux voir ni l'un ni l'autre.*
   – Mention it to Paul, or to Cathy. – I don't want to see ... of them.
   a. either   **b.** any   **c.** neither

5. – *Oxford ou Cambridge ?* – *Ni l'un ni l'autre. Londres.*
   – Oxford or Cambridge? – ... . London.
   a. None   **b.** Not either   **c.** Neither

6. *Il y a deux solutions ; aucune n'est satisfaisante.*
   There are two solutions. ... satisfactory.
   a. None is   **b.** Not either is
   c. Either is not   **d.** Neither is

Now check your answers on p. 248.
How many did you get wrong? None?
Go straight to the exercises or:

REMEMBER

1. **Both, either** et **neither** font référence à des éléments dont on sait déjà qu'ils vont par deux.

2. BOTH signifie « l'un et l'autre », « tous deux ». Il se place comme **all** (voir p. 126).

   Les champions étaient tous deux très forts.
   Both champions were very strong.
   Ses sœurs sont toutes les deux très jolies.
   Both his sisters are very pretty.

ou

   The champions were both very strong.
   His sisters are both very pretty.
   Ils se battaient tous les deux comme des lions.
   They were both fighting like lions.
   Ils s'entraînent tous deux régulièrement.
   They both train regularly.

BOTH peut également remplacer le nom :
   Tous deux étaient fatigués. **Both were tired.**

3. Exemple avec pronom complément :
   Je veux voir les deux/les voir tous les deux.
   I want to see them both ou **I want to see both (of them).**

4. EITHER signifie « l'un ou l'autre » :
   – *Je tourne à droite ou à gauche ? – L'un ou l'autre.*
   – **Do I turn left or right? – Either.**

5. N'T... EITHER ou NEITHER signifient « ni l'un ni l'autre », « aucun des deux ».

L'emploi de **neither** est obligatoire en tête de phrase. Comparer avec **n't ... any** et **none** (voir *EN*, p. 113).

   I didn't see either. *Je n'ai vu ni l'un ni l'autre.* **(I saw neither:** recherché.)
   Neither of them came to the appointment.
   Ni l'un ni l'autre n'est venu au rendez-vous.

6. EITHER... OR : *ou bien... ou bien* ; NEITHER... NOR : *ni... ni* ;
BOTH... AND : *à la fois... et* :
   Ou bien c'est son cousin, ou bien c'est son beau-frère.
   He's either her cousin or her brother-in-law.
   Ce n'est ni son cousin ni son beau-frère.
   He's neither her cousin nor her brother-in-law.
   C'est à la fois son cousin et son beau-frère.
   He's both her cousin and her brother-in-law.

Don't say...	Say...
* Push with your two hands.	Push with both hands.
* I want the both.	I want both (of them).
* His both sisters are very nice.	Both his sisters are very nice *ou* His sisters are both very nice.
* I didn't see neither.	I didn't see either.
(– Left or right ?) – * Both.	(– Left or right ?) – Either.

EXERCISES

A. Complete the translation

1. *Avez-vous encore vos deux parents ?*
   Have you still got ... parents?

2. *Ni lui ni moi n'en savions rien.*
   Neither ... knew anything about it.

3. *Nous avons appelé les deux restaurants. Aucun ne sert de menus végétariens.*
   We rang ... restaurants. ... serves vegetarian meals.

4. *L'un ou l'autre de ces deux journaux fera l'affaire.*
   ... of these papers will do.

5. *J'ai envoyé dix candidatures. Seules deux ont reçu une réponse.*
   I sent off ten applications. Only ... of them received an answer.

6. *La ville a deux hôtels, qui sont tous deux bien situés.*
   The town has two hotels, ... which are well situated.

B. Translate into English

1. *Malheureusement il ne reste qu'une place. Je ne peux pas vous prendre tous les deux.*

2. *Nous savons tous les deux que c'est un mensonge.*

3. *– Laquelle de ces deux cravates achèterais-tu ? – Prends-les toutes les deux.*

4. *John Smith était à la fois respecté et admiré.*

5. *Je n'ai jamais vu aucun des deux suspects.*

Answers on p. 260.

THAT'S ALL, FOLKS!

TEST: Choose the right answer

1. *Il reste un peu de vin.*
   There's ... wine left.
   a. a few **b.** few
   c. little **d.** a little

2. *J'ai quelques amis à Londres.*
   I have ... friends in London.
   a. a few **b.** few
   c. little **d.** a little

3. *Tu me laisses peu de choix.*
   You leave me ... choice.
   a. a few **b.** few
   c. little **d.** a little

4. *Voilà un homme qui a peu d'ennemis.*
   There's a man with ... enemies.
   a. a few **b.** few
   c. little **d.** a little

5. *J'ai réussi à travailler un peu dans le train.*
   I managed to work ... on the train.
   a. a few **b.** few
   c. little **d.** a little

Now check your answers on p. 248.
How many did you get wrong? None?
Go straight to the exercises or:

REMEMBER

Traduction de « peu (de...) », « un peu (de...) », « quelques » :

1. Avec un nom pluriel, on utilise :

a. **(very) few** pour un nombre présenté comme très restreint (sens pessimiste) :

Charles has (very) few friends. *Charles a (très) peu d'amis.*

b. **a few** pour un nombre présenté comme encourageant (sens optimiste) :

Charles has a few friends. *Charles a quelques amis.*

2. Dans tous les autres cas, on utilise :

a. **(very) little** (sens pessimiste) :

We have (very) little time to spare.

Nous avons (très) peu de temps devant nous.

He writes very little. *Il écrit peu.* (On emploie presque toujours **very** avec un verbe.)

b. **a little** (sens optimiste) :

We have a little time to spare.

Nous avons un peu de temps devant nous.

He writes a little. *Il écrit un peu.*

Don't say...	Say...
* He has (a) little friends.	He has (a) few friends.
* He has (a) few money.	He has (a) little money.
* He writes little.	He writes a little/He writes very little.

EXERCISES

A. Fill in the blanks with 'few', 'a few', 'little', 'a little', and translate into French

1. – Would you like some more whisky? – Just ... then, please.

2. We've got ... minutes before the train goes.

3. I think you should think ... before you speak.

4. The book is called "Cooking for those who do very ... cooking".

5. There were ... seats left at the concert. Those who got in were lucky.

6. There was ... left to do. The suitcases had all been packed.

7. If I were you, I'd send as ... cards as possible.

8. Cathy was not ... angry.

B. Translate using the vocabulary provided

1. *Ne me demande pas de quoi ça parle. Je n'ai lu que quelques pages.*
   ask, be about, read, pages

2. *Un peu de relaxation vous fera du bien.*
   relaxation, do good

3. *Après tous les discours, il ne resta que peu de temps pour les questions.*
   speech, be left, only, time, questions

4. *Ça lui ferait du bien de perdre un peu de poids.*
   lose, weight

5. *Peu d'entre eux ont saisi l'allusion.*
   get, message

6. *Georges est un peu plus grand que son frère.*
   tall, brother

7. *Il faut que je travaille encore un peu.*

8. *Il n'était pas le moins du monde fâché.*

Answers on pp. 260-261.

THAT'S ALL, FOLKS!

38

QUELQU'UN, QUELQUE PART,
QUELQUE CHOSE, etc.
Some, any, no + one, -body,
-thing, -where, etc.

TEST: Fill in the blanks

1. *J'ai vu quelqu'un voler la voiture.*
   I saw ... steal the car.
   a. someone   **b.** anyone   **c.** somebody   **d.** anybody

2. *Y a-t-il quelqu'un pour piloter l'avion ?*
   Is there ... to fly the plane?
   a. someone   **b.** anyone   **c.** somebody   **d.** anybody

3. *Personne ne m'attendait à la gare.*
   ... was waiting for me at the station.
   a. Anyone   **b.** Nobody   **c.** No one   **d.** Anybody

4. *Je n'ai pu trouver personne pour me remplacer.*
   I couldn't find ... to replace me.
   a. anyone   **b.** nobody   **c.** no one   **d.** anybody

5. *N'importe qui peut faire ça.*
   ... can do that.
   a. Anyone   **b.** Nobody   **c.** No one   **d.** Nobody

6. *Voulez-vous boire quelque chose ?*
   Would you like ... to drink?
   a. something   **b.** anything

7. *Rien n'est plus dangereux que ça.*
   ... is more dangerous than that.
   a. Nothing   **b.** Anything   **c.** Not anything

8. *Pourquoi ne pas partir quelque part la semaine prochaine ?*
   Why not go ... next week?
   a. anywhere   **b.** somewhere

9. *Ne dites pas n'importe quoi.*
   Don't say ... .
   a. nothing   **b.** anything   **c.** something   **d.** just anything

10. *Je n'irai nulle part.*
    I won't go ... .
    a. nowhere   **b.** anywhere   **c.** somewhere

Now check your answers on p. 248.
How many did you get wrong? None?
Go straight to the exercises or:

REMEMBER

1. On emploie

some- : dans les phrases affirmatives ou dans les « fausses questions » (voir p. 123). Exemples a et b ci-dessous ;

any- : dans les « vraies questions » et dans les phrases négatives. Exemples c et d ci-dessous ;

no- : remplace **n't... any** ; est obligatoire en tête de phrase et avec **there is/are**. Exemples e ci-dessous.

2. Les composés de **any-** ont aussi le sens de « n'importe qui/quoi/où ».

Dans ce cas, en phrase négative et interrogative, on accentue fortement **any**, qui peut aussi être renforcé par **just**. Exemples f et g ci-dessous.

EXEMPLES

a. **Somebody said it was a mistake.**
   Quelqu'un a dit que c'était une erreur.
b. **Do you want to see somebody about it?**
   Voulez-vous voir quelqu'un (à ce sujet) ?
c. **Is there anyone I can see?**
   Y a-t-il quelqu'un que je puisse voir ?
d. **I don't want to see anyone.**
   Je ne veux voir personne.
e. **No one can help me.**
   Personne ne peut m'aider.
f. **Anyone will tell you that.**
   N'importe qui vous le dira.
g. **I don't want to see just *anyone*.**
   Je ne veux pas voir n'importe qui.

a. **We must do something.**
   Il faut faire quelque chose.
b. **Can I say something?**
   Je peux dire quelque chose ?
c. **Is there anything I can do?**
   Y a-t-il quelque chose que je puisse faire ?
d. **Don't say anything.**
   Ne dites rien.
e. **Nothing ever happens.**
   Il ne se passe jamais rien.

f. **Anything can happen.**
Il peut se passer n'importe quoi / Tout peut arriver.

g. **Don't say just *anything*.**
Ne dites pas n'importe quoi.

a. **Let's go somewhere nice.**
Allons dans un endroit chouette.

b. **Can we go somewhere tonight?**
On peut aller quelque part ce soir ?

c. **Is there anywhere we can go?**
Y a-t-il un endroit où on puisse aller ?

d. **I don't want to go anywhere.**
Je n'ai envie d'aller nulle part.

e. **There's nowhere we can go.**
Il n'y a nulle part où aller.

f. **I'd go anywhere with you.**
J'irais n'importe où avec vous.

g. **I don't want to go just *anywhere*.**
Je n'ai pas envie d'aller n'importe où.

Don't say...	Say...
* I don't know nothing about it.	I don't know anything about it *ou* I know nothing about it.
* I saw anything.	I didn't see anything.
* Anything happened.	Nothing happened.
* Not anybody answered.	Nobody answered.

Notice
I'll do anything.
Je ferai n'importe quoi.
I won't do anything.
Je ne ferai rien.
I won't do *anything*, I won't do just *anything*.
Je ne ferai pas n'importe quoi.

EXERCISES

A. Complete the translation

1. *Il y a des gens qui font n'importe quoi pour gagner.*
   Some people will do ... to win.

2. *Je n'ai été à aucun endroit intéressant ces jours-ci.*
   I haven't been ... interesting lately.

3. *N'importe quel endroit serait mieux qu'ici.*
   ... would be better than here.

4. *Il faudra bien que tu paies ces factures un jour ou l'autre.*
   You'll have to pay those bills ... .

5. *Mes clés sont introuvables.*
   My keys are ... to be seen.

B. Translate into English

1. *Je n'ai jamais rien vu de pareil.*
2. *Tu veux aller prendre un verre quelque part ?*
3. *J'ai l'impression que quelque chose te tracasse.*
4. *Rien ne me fera changer d'avis.*
5. *Il doit bien y avoir un endroit où je peux trouver des cigarettes.*
6. *Vous ne trouverez rien d'ouvert à cette heure de la nuit.*
7. *Quand vous voudrez.*
8. *Ohé ? Il y a quelqu'un ?*
9. *Ce n'est pas n'importe qui, tu sais.*
10. *Autre chose, monsieur ?*

Answers on p. 261.

THAT'S ALL, FOLKS!

TEST: Which translations are possible?

1. *L'homme qui était assis à côté de moi était le directeur*.
   a. The man who was sitting next to me was the manager.
   b. The man that was sitting next to me was the manager.
   c. The man which was sitting next to me was the manager.
   d. The man was sitting next to me was the manager.

2. *À quoi sert un stylo qui n'écrit pas ?*
   a. What good is a pen who doesn't write?
   b. What good is a pen that doesn't write?
   c. What good is a pen which doesn't write?
   d. What good is a pen doesn't write?

3. *L'homme que vous avez vu au pub était un acteur célèbre*.
   a. The man you saw at the pub was a famous actor.
   b. The man which you saw at the pub was a famous actor.
   c. The man that you saw at the pub was a famous actor.
   d. The man whom you saw at the pub was a famous actor.

4. *Le stylo que j'ai perdu était de grande valeur*.
   a. The pen which I lost was very valuable.
   b. The pen that I lost was very valuable.
   c. The pen whom I lost was very valuable.
   d. The pen I lost was very valuable.

Now check your answers on p. 248.
How many did you get wrong? None?
Go straight to the exercise or:

REMEMBER

1. Le relatif **who** est réservé aux humains et assimilés (animaux familiers, organismes, pays : comparer avec l'emploi du génitif, p. 22).

2. Le relatif **which** s'emploie dans les autres cas.

3. On peut aussi employer **that**, sauf dans les relatives de commentaire (voir p. 151).

4. Le relatif complément direct ou indirect est souvent sous-entendu, ce que nous indiquons ici par Ø.

QUI, QUE : TABLEAU RÉCAPITULATIF

Les choix donnés entre parenthèses sont plus rares

	SUJET	COMPLÉMENT
humains ou assimilés	who (that)	Ø (that)
		(whom très rare)
non-humains	that (which)	Ø (that, which)

Don't say...
* the girl which was talking to you
* the man which I saw
* the car who was too old
* the pen who I lost
Say...
the girl who/that was talking to you
the man (that) I saw
the car that/which was too old
the pen (which) I lost

EXERCISE

Give the most likely translation

1. *Où est cette lettre que tu voulais que j'envoie ?*
2. *La fille que Robert a invitée était très surprise.*
3. *L'homme qui a pris l'argent a maintenant disparu.*
4. *Qu'as-tu fait des timbres qui étaient dans le tiroir ?*
5. *Rien ne sert de parler à des gens qui ne veulent pas écouter.*
6. *Le numéro que vous m'avez donné ne semble pas être le bon.*
7. *La personne qui a téléphoné n'a pas encore rappelé.*
8. *Avez-vous eu le message que je vous ai laissé ?*
9. *Le catalogue qui vient de paraître est bien mieux.*
10. *Le médecin que j'étais censé(e) voir n'était pas là.*

Answers on p. 261.

THAT'S ALL, FOLKS!

TEST: Which translations are possible?

1. *La clé avec laquelle j'ai ouvert la porte n'est pas la mienne.*
   a. The key with whom I opened the door isn't mine.
   b. The key I opened the door with isn't mine.
   c. The key with which I opened the door isn't mine.
   d. The key with that I opened the door isn't mine.

2. *La personne à qui vous avez envoyé votre candidature ne travaille plus ici.*
   a. The person you sent your application to doesn't work here anymore.
   b. The person to which you sent your application doesn't work here anymore.
   c. The person to whom you sent your application doesn't work here anymore.
   d. The person that you sent your application to doesn't work here anymore.

3. *Voici le projet sur lequel nous travaillons actuellement.*
   a. Here's the project on what we're working at the moment.
   b. Here's the project on which we're working at the moment.
   c. Here's the project which we're working on at the moment.
   d. Here's the project we're working on at the moment.

4. *Le stage auquel nous avons participé était très intéressant.*
   a. The course that we went on was very interesting.
   b. The course we went on was very interesting.
   c. The course on whom we went was very interesting.
   d. The course on which we went was very interesting.

Now check your answers on p. 248.
How many did you get wrong? None?
Go straight to the exercise or:

REMEMBER
À QUI, AUQUEL, À LAQUELLE, etc.

Si le relatif est accompagné d'une préposition :

1. Il est le plus souvent sous-entendu.

2. La préposition reste le plus souvent à droite du verbe, comme dans une phrase « normale ». Comparer :

Elle parle à un homme. C'est son cousin.
She's talking to a man. He's her cousin.
L'homme à qui elle parle est son cousin.
The man she's talking to is her cousin.

3. Si on exprime le relatif, l'ordre des mots reste le plus souvent celui-là :

The man that she's talking to is her cousin.
The man whom she's talking to is her cousin.

4. L'ordre des mots « à la française » est possible, mais à éviter :

The man to whom she's talking is a film director.

Dans ce cas, l'emploi de **that** est impossible.

5. Attention aux verbes qui sont suivis d'une préposition en français, mais pas en anglais : **obey, trust, expect.**

Voici les gens à qui vous devez obéir.
Here are the people you must obey.

EXERCISE

Give the most likely translation using the vocabulary provided

1. *La solution à laquelle tu pensais était irréalisable.*
   solution, not feasible

2. *Les pâtisseries françaises sont une tentation à laquelle je ne sais tout simplement pas résister.*
   pastry, temptation, resist

3. *La cousine à qui j'écris régulièrement veut venir passer une semaine avec nous.*
   come and spend a week

4. *Il n'y a personne à qui tu peux demander de l'aide ?*
   ask, help

5. *L'homme à qui vous avez fait confiance était un escroc.*
   trust, crook

6. *Il faut faire une photocopie de l'annonce à laquelle tu veux répondre.*
   photocopy, advertisement, reply

7. *La réunion à laquelle on vous a demandé d'assister n'aura pas lieu aujourd'hui.*
   meeting, ask, attend, take place

8. *Je cherche le carton dans lequel tu as mis l'argenterie.*
   look for, box, silver

Answers on pp. 261-262.

THAT'S ALL, FOLKS!

TEST: Is 'dont' translated by 'whose'?

1. *La dame dont le fils avait gagné était très fière.*
   a. yes **b.** no

2. *C'est le pays dont je viens.*
   a. yes **b.** no

3. *M. Hayes, dont elle avait trouvé le passeport dans son cabas, lui envoya des fleurs.*
   a. yes **b.** no

4. *Voici les documents dont vous aurez besoin en vacances.*
   a. yes **b.** no

5. *Il y a quelques détails dont je ne me souviens pas très bien.*
   a. yes **b.** no

6. *La maison dont le toit est trop branlant sera détruite.*
   a. yes **b.** no

7. *Voilà quelque chose dont je n'ai jamais entendu parler.*
   a. yes **b.** no

8. *Nous avons vu dix films, dont deux étaient tout à fait extraordinaires.*
   a. yes **b.** no

Now check your answers on p. 248.
How many did you get wrong? None?
Go straight to the exercises or:

REMEMBER

1. Si « dont » indique une relation d'appartenance, on le traduit par **whose**, directement suivi du nom qu'il définit (= sans article) :

La petite fille dont la poupée avait été cassée était en larmes.
The little girl whose doll had been broken was in tears.

2. Le groupe **whose + nom** vient toujours en tête de proposition :

Ils ne rencontreront jamais le couple dont ils élèvent l'enfant.
They will never meet the couple whose child they're bringing up.

3. S'il n'y a pas d'idée d'appartenance, on utilise la préposition et le relatif appropriés :

Je ne connais pas les écrivains dont vous parlez.
Ici, « dont » = « à propos desquels ». On dira donc :
I don't know the writers you're talking about.

4. Attention aux verbes qui sont suivis d'une préposition en français, mais pas en anglais : **need, remember**...

C'est tout ce dont je me souviens. **That's all I remember.**

EXERCISES

A. Translate the test.

B. Complete the translation using the vocabulary provided

1. *Les hommes politiques dont les mémoires ont été publiés sont moins à craindre que les autres.*
   Politicians, memoirs, published, less to be feared, others

2. *Ce film, dont j'ai tant aimé la musique, n'est par ailleurs pas très intéressant.*
   film, music, interesting, otherwise

3. *Quel est ce vin dont Jacques parle tout le temps ?*
   wine, talk about

4. *Voici le journal dont l'article a été extrait.*
   newspaper, article, take from

5. *Le ministre, dont la démission est imminente, a refusé de parler à notre correspondant.*
   minister, resignation, imminent, refuse, talk, correspondent

6. *Nous avons examiné le produit dont vous vous êtes plainte.*
   have a look, product, complain

7. *Voici le service dont vous serez responsable.*
   department, be in charge

8. *Il y avait vingt personnes, dont deux ou trois que je connaissais déjà.*
   twenty people, know

Answers on p. 262.

THAT'S ALL, FOLKS!

42 LES RELATIVES DE COMMENTAIRE

Voici Mme Simpson,
que vous avez déjà rencontrée.
This is Mrs Simpson,
whom you've already met.

TEST: Which translations are possible?

1. *La jeune femme qui enseigne les maths a bien voulu nous parler*.
   a. The young woman who teaches maths has agreed to talk to us.
   b. The young woman, who teaches maths, has agreed to talk to us.
   c. The young woman that teaches maths has agreed to talk to us.

2. *La jeune femme, qui enseigne les maths, a bien voulu nous parler*.
   a. The young woman who teaches maths has agreed to talk to us.
   b. The young woman, who teaches maths, has agreed to talk to us.
   c. The young woman that teaches maths has agreed to talk to us.

3. *Les enfants, qui avaient tous les deux gagné un prix, étaient très contents*.
   a. The children, that had both won a prize, were very happy.
   b. The children, who had both won a prize, were very happy.
   c. The children that had both won a prize were very happy.

4. *Les trois policiers qui étaient impliqués ont été reconnus coupables*.
   a. The three policemen who were involved have been found guilty.
   b. The three policemen, who were involved, have been found guilty.
   c. The three policemen that were involved have been found guilty.

5. *J'ai rencontré Isabelle, que je n'avais pas vue depuis une éternité*.
   a. I met Isabel, whom I hadn't seen for ages.
   b. I met Isabel, who I hadn't seen for ages.
   c. I met Isabel I hadn't seen for ages.

Now check your answers on p. 248.
How many did you get wrong? None?
Go straight to the exercise or:

REMEMBER
WHO et WHICH obligatoires

1. L'emploi de **who** ou **which** est obligatoire si au lieu de définir un objet ou une personne, la proposition relative ne sert qu'à ajouter un commentaire :

Mme Simpson, qui (d'ailleurs) est ma patronne, n'aime pas les huîtres.

Mrs Simpson, who (by the way) is my boss, doesn't like oysters.

Notre maison en Bretagne, qui, d'ailleurs, a été construite par mon grand-père, vient d'être vendue.

Our house in Brittany, which, by the way, was built by my grandfather, has just been sold.

2. L'emploi de **whose** est également possible dans une relative de commentaire :

Mme Simpson, dont le fils est médecin, ne prend jamais aucun médicament.

Mrs Simpson, whose son is a doctor, never takes any medicine.

3. En anglais comme en français, ces propositions relatives sont séparées du reste de la phrase par une pause, que l'orthographe reflète par des virgules.

EXERCISE

Translate into English

1. *Carole lui a donné son numéro de téléphone, qu'il a noté dans son calepin.*
2. *Ma sœur, qui habite à New York, est infirmière.*
3. *Ma sœur qui habite à New York est infirmière.*
4. *John, à qui elle n'avait d'ailleurs jamais parlé, disait qu'il était peintre.*
5. *Notre directeur, que vous rencontrerez demain, parle très bien anglais.*
6. *M. Thompson, dont les opinions sont bien connues, a dit qu'il ne voterait pas.*
7. *Ce tableau que le musée vient d'acheter est un faux.*
8. *Ce tableau, que le musée vient d'acheter, est un faux.*
9. *Les Spencer, qui habitent à côté depuis longtemps, ont décidé de déménager.*
10. *Le brouillard, qui a été très épais toute la journée, vient enfin de se lever.*
11. *Le vol du soir a été annulé, ce qui était bien dommage.*
12. *Les passagers, qui ont été prévenus à la dernière minute, ont pris l'avion du lendemain matin.*

Answers on p. 262.

THAT'S ALL, FOLKS!

CE QUI, CE QUE : what/which
TOUT CE QUI, TOUT CE QUE : all/everything

TEST: Choose the right translation

1. *Ce qui m'agace, c'est qu'il n'est jamais là quand on a besoin de lui.*
   ... annoys me is that he's never around when you need him.
   a. which   **b.** what

2. *Dis-moi ce qui t'agace à ce point.*
   Tell me ... annoys you so much.
   a. which   **b.** what

3. *Il n'est jamais là quand on a besoin de lui, ce qui m'agace pro-digieusement.*
   He's never around when you need him, ... annoys me terribly.
   a. which   **b.** what

4. *On m'a dit qu'elle était sourde, ce que je n'aurais jamais soup-çonné.*
   They told me she was deaf, ... I would never have suspected.
   a. which   **b.** what

5. *Tout ce qui brille n'est pas or.*
   ... glitters is not gold.
   a. all that   **b.** all what
   c. everything that   **d.** everything what

6. *Je vous ai dit tout ce que je sais.*
   I've told you ... .
   a. all what I know   **b.** everything I know
   c. all I know

Now check your answers on p. 248.
How many did you get wrong? None?
Go straight to the exercise or:

REMEMBER
CE QUI, CE QUE

1. Lorsque « ce qui/ce que » introduit une relative de commentaire (voir p. 151), on le traduit par **which** :

Il m'a dit qu'il était né à Stratford, ce que je ne savais pas.
He told me he was born in Stratford, which I didn't know.
Remarquer la **virgule**.

2. Lorsque « ce qui/ce que » n'introduit pas une relative de commentaire, on utilise **what** :

Ce qui est bizarre, c'est le prix. **What is strange is the price.**
Ce que je n'aime pas, c'est la couleur.
What I don't like is the colour.

TOUT CE QUI, TOUT CE QUE

1. Le relatif est **that**, qui, comme d'habitude, peut être sous-entendu s'il est complément :

C'est tout ce qui compte. **That's all that matters.**
Tout ce qu'il me faut, c'est un bout de papier.
All (that) I need is a piece of paper.
Elle obtient toujours tout ce qu'elle veut.
She always gets everything she wants.

2. Pour la différence entre **all** et **everything**, voir p. 126.

Don't say...
* He told me he was born in Stratford, what I didn't know.
* That's all what matters.

Say...
He told me he was born in Stratford, which I didn't know.
That's all that matters.

EXERCISE

Translate into English

1. *Tout ce que je sais, c'est qu'il est arrivé beaucoup plus tard.*
2. *Est-ce que tu vas goûter à tout ce qu'il y a sur la table ?*
3. *Pourquoi devrais-je faire tout ce que vous dites ?*
4. *L'avenir de nos enfants, voilà ce qui est en jeu ici.*
5. *Ne croyez pas tout ce qu'il dit.*
6. *Avez-vous trouvé tout ce que vous cherchiez ?*
7. *C'est tout ce que vous avez besoin de savoir.*
8. *La lettre n'arriva jamais, ce qui changea le cours de l'histoire.*
9. *C'est ce qui attire le public.*
10. *C'est tout ce que je voulais.*
11. *On ne doit pas toujours croire tout ce qu'on lit dans les journaux.*
12. *Il n'est pas toujours facile de voir quels sont les vrais problèmes.*
13. *Tim a encore raté sa conduite, ce qui n'a pas été une surprise.*
14. *Notre secrétaire refuse tout ce qui n'est pas déjà tapé à la machine.*
15. *Eddy ne savait pas ce que signifiait cette affiche.*

Answers on p. 263.

THAT'S ALL, FOLKS!

44	VOULOIR QUE, DIRE/DEMANDER DE
	Want, ask, tell, etc.

TEST: Choose the right answer

1. *Je veux que tu arrives plus tôt que les autres.*
   I want ... before the others.
   a. that you arrive   **b.** you to arrive   **c.** you arrive

2. *La police nous a ordonné de nous arrêter.*
   The police ordered ... stop.
   a. us to   **b.** that we   **c.** we

3. *Je voudrais que tu me donnes un coup de main pour le repas.*
   I would like ... give me a hand with the meal.
   a. you would   **b.** you to   **c.** that you would

4. *Il m'a dit d'arriver à l'heure.*
   He ... on time.
   a. said that I arrived   **b.** said that I arrive   **c.** told me to arrive

5. *Tous ses collègues l'ont encouragée à continuer.*
   All her colleagues encouraged ... .
   a. her to go on   **b.** she go on   **c.** that she go on

Now check your answers on p. 248.
How many did you get wrong? None?
Go straight to the exercises or:

REMEMBER

1. COMME EN FRANÇAIS, de nombreux verbes exprimant une incitation, une demande, un encouragement sont suivis d'une construction à l'infinitif. Voici la liste des plus courants : **advise, allow, ask, encourage, help, order, persuade, remind, teach, tell.**

Je lui avais demandé de rappeler.
I had asked her to ring back.

Attention à :

Tell her to ring back later.
Dites-lui de rappeler plus tard.

(Attention ! L'emploi de **say** ici n'est pas possible.)

D'autres constructions sont possibles avec certains de ces verbes. Voir p. 161.

2. CONTRAIREMENT AU FRANÇAIS, **expect, want, would like, would prefer** sont suivis d'une construction à l'infinitif s'il y a deux sujets différents :

Exemple avec un seul sujet (infinitif dans les deux langues) :

Je compte arriver vers huit heures.
I expect to arrive about eight.

Exemple avec deux sujets (infinitif en anglais, subjonctif en français) :

L'Angleterre compte que chacun fasse son devoir.
England expects every man to do his duty (message de l'amiral Nelson à la flotte anglaise avant la bataille de Trafalgar).

Que veux-tu que je fasse ?
What do you want me to do?

Je voudrais qu'ils arrivent plus tôt que ça.
I would like them to arrive earlier than that.

3. Noter encore :
- attendre que :
Attends que ton père rentre.
Wait for your father to come home.
Wait till your father comes home.
- demander que/à ce que + passif :
J'ai demandé que le frigo soit livré lundi.
I asked for the fridge to be delivered on Monday.

Don't say...
* What do you want that I do?
* Wait that your father comes home.
Say...
What do you want me to do?
Wait for your father to come home/Wait till your father comes home.

EXERCISES

A. Complete the translation

1. *Le capitaine ordonna à ses hommes de descendre de cheval.*
   The captain ... dismount.
2. *La mère de Tom voulait qu'il devienne docteur.*
   Tom's mother ... a doctor.
3. *Le gouvernement voudrait que les syndicats arrêtent la grève.*
   The government ... unions ... the strike.
4. *L'année dernière, le directeur a demandé aux ouvriers d'accepter une baisse des salaires.*
   Last year the manager ... agree to a pay cut.
5. *Les électeurs comptent que le gouvernement change de politique.*
   The electorate ... its policy.
6. *La semaine dernière, le directeur a ordonné à Christine de renvoyer son chéquier à la banque.*
   Last week the bank manager ... cheque book to the bank.
7. *C'est difficile de persuader les fumeurs de changer de marque de cigarettes.*
   It's difficult ... their brand of cigarettes.
8. *Quand je me suis installé en Angleterre, j'ai demandé à ce que le lait et les journaux soient livrés tous les matins.*
   When I moved to England, I ... every morning.
9. *La publicité incite les gens à acheter.*
   Advertising ... .
10. *Jeff m'a encouragé à avoir une attitude constructive.*
    Jeff ... think positive.

B. Translate into English

1. *Je compte sur vous pour parvenir à un accord.*
2. *Philippe a demandé à Lisa d'aller en vacances avec lui.*
3. *Si vous voulez vous déplacer dans la cabine, vous devez attendre que l'avion ait décollé.*
4. *Je t'ai dit de te dépêcher.*
5. *Est-ce que vous voulez que je passe cet après-midi ?*

Answers on p. 263.

THAT'S ALL, FOLKS!

TEST: Fill in the blanks. (In some cases, more than one solution is possible.)

1. *Je suggère qu'il remanie cet article.*
   I suggest ... this article.
   a. him to rewrite **b.** he rewrite
   c. he should rewrite **d.** he rewrites

2. *Le personnel a suggéré d'imprimer le journal le samedi matin.*
   The staff suggested ... the paper on Saturday mornings.
   a. printing **b.** to print

3. *Qui a suggéré que nous achetions cette usine ?*
   Who suggested ... this factory?
   a. our buying **b.** us to buy **c.** we buy

4. *Je voudrais que tu me fiches la paix.*
   I wish ... leave me in peace.
   a. you to **b.** you would **c.** you leaving

5. *J'aimerais bien le savoir, mais je n'en ai aucune idée.*
   I wish ..., but I haven't got the faintest idea.
   a. to know **b.** I knew **c.** I would know

6. *Le président désire vous parler.*
   The president wishes ... to you.
   a. to speak **b.** he spoke **c.** speaking to you

Now check your answers on p. 248.
How many did you get wrong? None?
Go straight to the exercise or:

REMEMBER

Certains verbes exprimant une recommandation, un désir (voir
p. 157) ne sont pas forcément suivis de l'infinitif.

1. Conseiller *à quelqu'un* de faire quelque chose :
advise, recommend *somebody to do something*
   Ils lui ont conseillé de démissionner.
   They advised him to resign.
   Je vous recommande d'aller à l'étranger.
   I recommend you to go abroad.

2. Recommander, suggérer *que quelqu'un* fasse quelque chose :

a. **advise, recommend, suggest *his/her... doing something***
   Ils ont recommandé qu'il démissionne.
   They recommended his resigning.
Le sujet du deuxième verbe peut être sous-entendu :
   Je propose que nous allions à l'étranger.
   I suggest going abroad.

b. **advise, recommend, suggest (that) *you, he... should do*** ou
advise, recommend, suggest *you, he... do*
   Ils ont recommandé qu'il démissionne.
   They recommended he resign.
   They recommended (that) he should resign. (GB)
   Je suggère qu'il prenne du repos.
   I suggest he take a rest.
   I suggest (that) he should take a rest.
Do est ici un subjonctif, invariable quels que soient le temps et
la personne. Cette construction est très fréquente dans la presse
américaine.

3. **Wish** peut exprimer un souhait ou un regret (J'aimerais que...
Si seulement...) :

a. par rapport au présent :

wish + did

   I wish you were here. *Dommage que tu ne sois pas là.*

b. par rapport au passé :

wish + had done

   I wish you had told me. *Si seulement tu me l'avais dit.*

c. par rapport à l'avenir :

wish + would do

   **I wish you would be kinder to her. = Will you please be
kinder to her?**

   *J'aimerais que vous soyez plus gentil avec elle (que vous vou-
liez bien...).*

4. **Wish** peut exprimer un désir ou un espoir :

wish (somebody) to do something

   **I wish to open an account here. = I want to open an account
here.**

   Je désire ouvrir un compte ici. (Assez recherché.)

   I wish you to succeed. = I hope you will succeed.

   Je souhaite que vous réussissiez.

5. Et n'oubliez pas :

   I wish you a merry Christmas and a Happy New Year.

   Je vous souhaite un joyeux Noël et une bonne année.

EXERCISE

Complete the translation

1. *J'ai conseillé à Éric de prendre les choses avec philosophie.*
   I ... take things easy.

2. *J'ai fortement recommandé qu'ils se fassent vacciner.*
   I strongly ... getting vaccinated.

3. *Il était recommandé aux visiteurs de se garer à l'arrière du bâti-ment.*
   It was recommended that visitors ... round the back of the buil-ding.

4. *J'aimerais que tu sois un peu plus soigneux à l'avenir !*
   I wish ... a bit more tidy in future!

5. *Je veux remercier tous ceux qui ont contribué à notre réussite.*
   ... all those who have contributed to our success.

6. *Je voudrais bien que Carole sache prendre un message au télé-phone.* (Le fait est qu'elle ne sait pas.)
   I wish ... how to take phone messages.

7. *Je voudrais bien que Carole apprenne à prendre un message au téléphone.* (Peut-être voudra-t-elle.)
   I wish ... how to take phone messages.

8. *Frank regrettait d'avoir acheté cette voiture.*
   Frank wished ... that car.

9. *Il désirait que je prenne le colis en rentrant.*
   He wished ... pick up the parcel on my way home.

10. *Le moniteur m'a suggéré de repasser mon examen de conduite.*
    The instructor suggested ... my driving test again.

Answers on p. 263.

THAT'S ALL, FOLKS!

TEST: Choose the right answer

1. *Il était blanc comme un linge.*
   He was ... a sheet.
   a. so white as   **b.** as white as
   c. so white that   **d.** as white than

2. *Comme la boulangerie était fermée, je suis allé au supermarché.*
   ... the baker's was closed, I went to the supermarket.
   a. Like   **b.** As

3. *Faites comme il vous plaira.*
   Do ... you please.
   a. as   **b.** like

4. *Il dansait le tango comme un Argentin.*
   He danced the tango ... an Argentine.
   a. like   **b.** as

5. *Il dansait le tango comme le ferait un Argentin.*
   He danced the tango ... an Argentine would.
   a. like   **b.** as

6. *Il agit comme s'il avait encore vingt ans.*
   He behaves ... still twenty.
   a. as if he were   **b.** like he was

7. *Tu parles comme un livre.*
   You talk ... a book.
   a. like   **b.** as

8. *Comme docteur, il n'est pas mal. Comme invité, je préfère ne rien dire.*
   ... a doctor, he's fine. ... a guest – I'd rather not say.
   a. As ... Like   **b.** Like ... As   **c.** As ... As

Now check your answers on p. 248.
How many did you get wrong? None?
Go straight to the exercises or:

REMEMBER

1. COMME + SUJET + VERBE :

a. exclamatif :

Comme c'est beau !

How beautiful it is! ou **It's so beautiful!**

b. autres cas : uniquement **as.** Sens possibles :

● cause :

Comme il pleuvait, nous ne sommes pas sortis.

As it was raining, we didn't go out.

● comparaison :

blanc comme un linge : **as white as a sheet** (voir p. 78)

Faites comme je dis. **Do as I say.**

Éviter **like I say,** qu'on entend quelquefois.

● manière dont quelque chose se passe : **as if**

He behaves as if he is the boss.

Éviter **like he is,** qu'on entend quelquefois.

Noter que **as** a aussi un sens temporel :

As we were approaching the station, the train slowed down.

Comme/Alors que/Au fur et à mesure que nous approchions de la gare, le train ralentit.

2. COMME + NOM :

● comparaison : **like**

Elle n'est qu'infirmière, mais elle se comporte comme un docteur.

She's just a nurse, but she acts like a doctor.

● « comme » = « en tant que » : **as**

Il est très agréable comme ami, et insupportable comme professeur.

He's very nice as a friend, and unbearable as a teacher.

3. COMME = COMME PAR EXEMPLE, TELS QUE :

such as

At the club, you can practise various sports, such as swimming, cycling, bungee-jumping.

Au club, vous pouvez pratiquer divers sports, comme la natation, le vélo, le saut à l'élastique...

4. REMARQUER :

comme vous le savez : **as you know...**

comme le dit l'article : **as the article says...**

Don't say...	Say...
* like you know	as you know
* as you know it	as you know
* like it was closed	as it was closed

EXERCISES

A. Complete the translation

1. *Sa maison était comme un musée : nous n'osions rien toucher.*
   Her house was ... a museum –we didn't dare touch anything.

2. *La police leur a demandé de tout laisser comme c'était.*
   The police asked them to leave everything ... it was.

3. *Le maire a démissionné le 1ᵉʳ janvier, comme il avait promis de le faire.*
   The mayor resigned on January 1st ... he had promised he would.

4. *Elle était fraîche comme une rose.*
   She looked ... a daisy.

5. *C'était comme un bruit de verre qui se casse.*
   It sounded ... breaking glass.

6. *Il est très bien comme maître de cérémonie.*
   He's very good ... M.C. (emcee).

B. Translate into English

1. *Le groupe utilisait cet appartement comme studio d'enregistrement.*
2. *Comme si tu ne le savais pas !*
3. *Le sol est très glissant ; c'est comme de marcher sur de la glace.*
4. *Comme d'habitude, tu as oublié mon anniversaire.*
5. *Comme je m'y attendais, il n'a pas fini le marathon.*
6. *Comme nous traversions la chaussée, nous aperçûmes l'accusé.*

Answers on pp. 263-264.

THAT'S ALL, FOLKS!

<table>
<tr><td>**47**</td><td>**EXCLAMATIONS**
Que/Comme c'est beau !
Quelle belle maison !</td></tr>
</table>

TEST: Choose the right answer

1. *Quelle journée épouvantable !*
   ... awful day!
   a. What an
   b. Which
   c. What
   d. How

2. *Comme c'est agréable ici !*
   ... nice here!
   a. It's so
   b. It's so much
   c. How it's
   d. What it is

3. *Que tu es paresseux !*
   a. What are you lazy!
   b. How you are lazy!
   c. What lazy you are!
   d. How lazy you are!

4. *C'est une situation tellement gênante !*
   It's ... uncomfortable situation!
   a. a so
   b. such an
   c. a such
   d. a so much

5. *La vie est tellement plus simple à la campagne !*
   Life is ... in the country!
   a. so more simple
   b. so much simpler
   c. such simpler
   d. so simpler

Now check your answers on p. 248.
How many did you get wrong? None?
Go straight to the exercise or:

REMEMBER

On emploie **how** ou **what** avec un ordre des mots particulier, **so** ou **such** en gardant l'ordre d'une phrase affirmative (voir aussi pp. 119-120).

1. Adjectif seul :
   Que/Comme c'est charmant !
   How lovely (it is)!
   It's so lovely!

2. Adjectif venant après le verbe (attribut du sujet) :
   Que/Comme leur maison est charmante !
   How lovely their house is!
   Their house is so lovely!

3. Adjectif accompagnant le nom (épithète) :
   Quelle maison charmante !
   What a lovely house!
   What a lovely house it is!
   It's such a lovely house!

4. Ne pas employer **a/an** avec les indénombrables :
   What lovely weather! (voir p. 92).

5. Noter encore (voir aussi p. 119) :
   C'est tellement plus confortable !
   Its so much more comfortable!
   How much more comfortable! (recherché)
   Comme cette chaise est plus confortable !
   This chair is so much more comfortable!
   How much more comfortable this chair is! (recherché)

Don't say...	Say...
* How lovely is it!	How lovely it is!
* What lovely house!	What a lovely house!
* It's a such lovely house!	It's such a lovely house!
* What a lovely weather!	What lovely weather!
* It's so more comfortable!	It's so much more comfortable!

EXERCISE

Translate into English
1. *Qu'est-ce que c'est calme ici !*
2. *Comme je t'envie !*
3. *Quels meubles !*
4. *Quels beaux yeux elle a !*
5. *C'est tellement plus facile en train !*
6. *Cette machine pourrait être tellement plus conviviale !*
7. *Sans blague ? Comme c'est intéressant !*
8. *Qu'est-ce qu'il est bavard !*
9. *Quelle bonne idée !*
10. *Quel temps affreux !*

Answers on p. 264.

THAT'S ALL, FOLKS!

48 | FAIRE FAIRE/LAISSER FAIRE
Make/have/let/somebody do something

TEST: Choose the right answer

1. *Son père la laisse faire ce qu'elle veut.*
   Her father ... what she wants.
   a. leaves her do
   b. lets her do

2. *L'employé lui a fait remplir un tas de formulaires inutiles.*
   The clerk ... fill in a lot of useless forms.
   a. made her   **b.** made her to   **c.** had her   **d.** had her to

3. *Mon frère a fait réparer sa voiture.*
   My brother ... .
   a. has made his car repair
   b. has had his car repaired
   c. has made his car repaired

4. *On m'a fait remplir un tas de formulaires inutiles.*
   I was ... fill in a lot of useless forms.
   a. made   **b.** made to   **c.** had

5. *On m'a enfin laissé rentrer chez moi.*
   a. I was finally let go home.
   b. I was finally allowed to go home.
   c. They finally let me go home.

Now check your answers on p. 248.
How many did you get wrong? None?
Go straight to the exercise or:

REMEMBER
FAIRE FAIRE ET LAISSER FAIRE

1. Quelqu'un *accomplit* une action : on emploie **make, have** (faire faire), ou **let** (laisser faire) + infinitif :

make/have/let somebody do something

Il m'a fait répéter ma question trois fois.
He made me repeat my question three times.
Je lui ferai prendre son médicament.
I'll have him take his medicine.
Pourquoi l'avez-vous laissé parler ?
Why did you let him speak?

2. Quelque chose ou quelqu'un *subit* une action : on emploie **have** et le participe passé :

have something done

Nous ferons repeindre cette pièce.
We'll have this room redecorated.

3. Tournure passive.
Seul **make** est possible. Remarquer l'emploi de **to** :

be made to do something

On m'a fait courir dans la neige pendant des heures.
I was made to run in the snow for hours.
= They made me run...

Remarque : d'autres traductions sont possibles s'il n'y a pas idée de contrainte ni d'autorisation.

Tu t'es fait avoir. **You've been had.**
Cela vous fera découvrir l'Angleterre.
That'll give you a chance to discover England.
Il m'a fait attendre une demi-heure.
He kept me waiting for half an hour.
Il a fait danser la mariée.
He danced with the bride.

Don't say...
* I'll make him taking his medicine.
* I'll have him to take his medicine.
* Why did you let him to speak?
* We'll make this room redecorate.
Say...
I'll make him take his medicine.
I'll have him take his medicine
Why did you let him speak?
We'll have this room redecorated.

EXERCISE

Translate with 'make', 'have' or 'let'
1. *Mon frère oblige ses enfants à manger des légumes.*
2. *Il ne les laisse pas manger de hamburgers.*
3. *Il faut la faire changer d'avis.*
4. *Il m'a fait attendre une heure avant l'entretien.*
5. *On m'a fait travailler dur avant les examens.*
6. *Le père de Tom ne le laisse pas conduire la voiture.*
7. *Ne le laissez pas s'endormir maintenant.*
8. *S'il le faut, nous ferons rouvrir le dossier.*
9. *Je ne peux pas vous laisser dire des choses pareilles.*
10. *C'est le genre de choses que tu ne lui feras jamais comprendre.*
11. *Nous allons faire faire un devis.*
12. *Il faut que je me fasse couper les cheveux.*

Answers on p. 264.

THAT'S ALL, FOLKS!

<table>
<tr><td>**49**</td><td>**« PHRASAL VERBS »**
Switch on!</td></tr>
</table>

TEST: Which is the right translation? (Be careful: sometimes both are right.)

1. *Allumez les projecteurs, s'il vous plaît.*
   a. Switch on the lights, please.
   b. Switch the lights on, please.

2. *Allumez-les.*
   a. Switch them on.
   b. Switch on them.

3. *Ne vous asseyez pas sur cette chaise.*
   a. Don't sit on this chair.
   b. Don't sit this chair on.

4. *Il faut qu'on en parle sérieusement.*
   a. We need to talk over this.
   b. We need to talk this over.

5. *Suivez ce sentier pendant dix minutes.*
   a. Go along that path for ten minutes.
   b. Go that path along for ten minutes.

6. *Suivez-le pendant dix minutes.*
   a. Go along it for ten minutes.
   b. Go it along for ten minutes.

7. *Miss Marple mène toujours l'affaire à son terme.*
   a. Miss Marple always sees through it.
   b. Miss Marple always sees it through.

8. *C'est un corsage transparent. On peut voir au travers.*
   a. It's a see-through blouse. You can see through it.
   b. It's a see-through blouse. You can see it through.

Now check your answers on p. 248.
How many did you get wrong? None?
Go straight to the exercises or:

REMEMBER
« PHRASAL VERBS »

De nombreux « petits mots » (voir liste ci-dessous) peuvent être préposition ou particule verbale. Il est important de bien distinguer ces deux catégories :

1. La particule fait partie du verbe et en complète le sens.
   switch on : *allumer*, mais **switch off** : *éteindre*
Attention à l'ordre des mots :
Don't switch on the telly (verbe + particule + nom)
ou **Don't switch the telly on** (verbe + nom + particule)
mais toujours :
Don't switch it on (verbe + pronom + particule).
S'il n'y a pas de complément, il y a quand même la particule.
   OK! Switch on! *C'est bon ! On allume !*

2. La préposition ne sert qu'à relier le verbe et le complément.
Ordre des mots : verbe + préposition + complément.
Don't sit on the telly et non *__Don't sit the telly on__.
Don't sit on it et non *__Don't sit it on__.
S'il n'y a pas de complément, il n'y a pas de préposition.
   Don't sit there. *Ne vous asseyez pas là.*

3. Voici une petite liste non limitative de ces prépositions/particules (attention à toujours bien vérifier leur sens dans le dictionnaire) :
about, across, along, away*, back*, down, in, off, on, out, over, round, through, up...
* uniquement particule.

4. Et maintenant quelques exemples :
a. **up** utilisé comme préposition :
   Look up the chimney. (I think there's something blocking it.)
   Regarde dans la cheminée. (Je crois qu'elle est bouchée.)
b. **up** utilisé comme particule :
   I'll look that word up (in a dictionary).
   Je vérifierai ce mot (dans un dictionnaire).
   Yes. Look it up. *Oui. Vérifiez-le.*

Don't say...	Say...
* Switch the telly.	Switch the telly on/off *ou* Switch on/off the telly.
* Switch on it.	Switch it on.
* Switch off it.	Switch it off.
* Sit it on.	Sit on it.

EXERCISES

A. Translate into French
1. The car turned down the wrong street.
2. The company turned down the takeover bid.
3. They ran up some enormous phone bills.
4. I used to run up the stairs when I was younger.
5. Tony kept looking over his shoulder as if he was afraid of something.
6. Hugh quickly looked over his notes before the meeting.
7. You'll have to back up–the road's blocked.
8. The new boss backed up Simon's suggestions.

B. Fill the blanks with one of the particles given in the "Remember" section

1. *Pensez à le rapporter demain.*
   Remember to bring it ... tomorrow.

2. *Il ne fait aucun doute qu'ils sont entrés par effraction.*
   There's no doubt they broke ... .

3. *Je n'arrive pas à lui faire comprendre qu'il est trop tard maintenant.*
   I can't get it ... to him that it's too late now.

4. *Pourriez-vous repousser mon rendez-vous à la semaine prochaine ?*
   Could you put ... my appointment till next week?

5. *Il va falloir inventer une meilleure excuse que ça.*
   You'll have to come ... with a better excuse than that.

6. *Il s'est avéré qu'elle était fiancée à Frank.*
   It turned ... that she was engaged to Frank.

7. *Ça m'a rappelé de vieux souvenirs.*
   It brought ... memories of long ago.

8. *Je ne suis pas trop d'accord pour ça.*
   I wouldn't go ... with that.

9. *Mets ton manteau.*
   Put ... your coat./Put your coat ... .

10. *C'était une escroquerie, mais je ne me suis pas laissé prendre.*
    It was a con trick but I wasn't taken ... .

11. *Ils ont continué comme si je n'étais pas là.*
    They carried ... as if I wasn't there.

12. *Tu peux toujours essayer de la faire changer d'avis.*
    You can always try talking her ... .

13. *Attends qu'il soit un peu calmé.*
    Wait till he has cooled ... a bit.

14. *La société va être rachetée par un de ses concurrents.*
    The company's going to be taken ... by one of its competitors.

15. *Dès que l'école est finie, les enfants se sauvent en courant.*
    The moment school is over, the children run ... .

Answers on p. 264.

THAT'S ALL, FOLKS!

TEST: Complete the second sentence so that it has the same meaning as the first

1. Phil said: "I never touch alcohol when I'm driving."
   Phil said he ... .

2. The boss said: "The company won't lay off any more people."
   The boss said the company ... .

3. Chris said: "I'm sure I met her a long time ago."
   Chris said he ... .

4. "Can I have your phone number?" Bill asked her.
   Bill asked her ... .

5. Sue's neighbour said: "I'd give you a lift if I could."
   Sue's neighbour said he ... .

6. Sharon's mother said: "Go to bed."
   Sharon's mother told ... .

7. "Are you coming to the party?" I asked her.
   I asked her ... .

8. "I've nearly finished," Paul said to us.
   Paul told ... .

Now check your answers on p. 248.
How many did you get wrong? None?
Go straight to the exercises or:

REMEMBER
STYLE INDIRECT AU PASSÉ

1. Phrases déclaratives : on emploie **say/tell** + (that) + proposition.

"I'm late," he said. => **He said (that) he was late**
ou **He told us (that) he was late.**

2. Phrases exprimant un ordre ou une demande : on emploie les verbes **advise, ask, order, tell** + infinitif.

    Angela said: "Bring me a Scotch."
=> **Angela asked** *him* **to bring** *her* **a Scotch.**

3. Phrases exprimant une question (interrogatives indirectes) : on emploie le verbe **ask + mot interrogatif (who, what, where, when, why, how, if, whether).** L'ordre des mots est toujours celui d'une phrase affirmative.

    "Why did *you* **do that?"** *she* **asked him.**
« Pourquoi avez-vous fait cela ? » lui demanda-t-elle.
=> *She* **asked why** *he* **had done that.**
Elle lui demanda pourquoi il avait fait cela.

4. Comme en français, l'emploi du style indirect dans une phrase au passé entraîne des modifications de temps.

A. Verbes ordinaires
Le présent devient un prétérit, le present perfect un plus-que-parfait.

STYLE DIRECT	STYLE INDIRECT AU PASSÉ
Angela said :	**Angela said...**
"I know him."	**... she knew him.**
"I knew him."	**... she'd known him.**
"I have known him for 3 years."	**... she had known him for 3 years.**
"I had known him for 3 years."	**... she had known him for 3 years.**

B. Auxiliaires modaux
Le présent du modal devient un passé.

Angela said :	**Angela said...**
"I will write as soon as I arrive."	**... she would write as soon as she arrived.**
"I can swim."	**... she could swim.**

"I really must go."	**... she really must go.**
"You may use it."	**... I might use it/I could use it.**

Would, should, could, might ne changent pas (ils sont déjà au prétérit !).

De même, **would have, should have**, etc., ne changent pas.

Angela said :	**Angela said...**
"I would be angry."	**... she would be angry.**
"I would have been angry."	**... she would have been angry.**

Don't say...
* I don't know what is the problem.
* They asked me where was I going.

Say...
I don't know what the problem is.
They asked me where I was going.

EXERCISES

A. Put into indirect speech and translate into French

1. Mandy said: "I had a day off work yesterday."
2. Bob said: "If I can't get work, I might just emigrate."
3. Gill told us: "I've got a seat on the plane for this week."
4. Steve asked him: "When is the next bus due?"
5. "Stop listening to such loud music," Helena's mother advised her.

B. Translate into English

1. *Fred proposa qu'ils se retrouvent pour manger une glace.*
2. *Robert lui demanda si elle voulait bien poster sa lettre.*
3. *Le patron avait ordonné à sa secrétaire de ne dire à personne où il était.*
4. *Son père lui avait dit de téléphoner dès qu'il arriverait.*
5. *Il me demanda ce qu'il y avait, et si j'étais malade.*

Answers on p. 265.

THAT'S ALL, FOLKS!

<table>
<tr><td>**51**</td><td>VERBE + VERBE
Stop doing/stop to do, etc.</td></tr>
</table>

TEST: Choose the right answer

1. *Il faut éviter de marcher sur la pelouse.*
    You must avoid ... on the grass.
    a. to walk   **b.** walking

2. *Je ne peux pas m'empêcher de fumer.*
    I can't help ... .
    a. to smoke   **b.** smoking

3. *Je suis au regret de vous dire que votre contrat ne sera pas renouvelé.*
    I regret ... you that your contract will not be renewed.
    a. to tell   **b.** telling

4. *Je n'ai pas particulièrement envie d'aller voir cette exposition.*
    I don't particularly fancy ... to see that exhibition.
    a. to go   **b.** going

5. *Je ne me souviens pas être venu ici.*
    I don't remember ... here.
    a. to have come   **b.** to come   **c.** coming

6. *J'ai vu le suspect ouvrir la porte et entrer dans le bar.*
    I saw the suspect ... the door and ... the bar.
    a. open, enter   **b.** opening, entering

7. *Arrêtez de me suivre, s'il vous plaît.*
    Please stop ... me.
    a. to follow   **b.** following

8. *L'appartement a besoin d'être repeint.*
    The flat needs ... .
    a. to redecorate   **b.** redecorating   **c.** to be redecorated

Now check your answers on p. 248.
How many did you get wrong? None?
Go straight to the exercise or:

REMEMBER
VERBE + (TO) DO/VERBE + DOING

1. Le second verbe est toujours en **-ing** après :
avoid, be worth, can't help, deny, enjoy, fancy, finish, give up, go on, keep on, leave off, mind, resent, risk, stand (= supporter)

> *Les personnes d'un certain âge doivent éviter d'attraper la grippe.*
> **Older people must avoid catching the 'flu.**

2. Le second verbe est soit en **-ing**, soit à l'**infinitif sans to** après :

a. les verbes de perception **feel, hear, see, smell**. L'infinitif est le plus fréquent. On insiste sur l'action accomplie :

> *Je l'ai vu sauter cette barrière au moins cent fois.*
> **I've seen him jump over that gate at least a hundred times.**

Si on emploie **-ing**, on insiste sur le processus ; l'action n'est pas forcément perçue dans sa totalité.

> *Je les ai entendus parler.* **I heard them talking.**

b. les verbes **hate, like, love, prefer**. L'infinitif concerne une occasion particulière, alors que **-ing** a un sens général :

> *Aimeriez-vous sortir (ce soir) ?* **Would you like to go out (tonight)?**
> *Aimez-vous sortir ?* **Do you like going out?**

c. les verbes **forget, regret, remember**. L'infinitif indique ce qui est à faire, **-ing** ce qui est déjà fait (dans ce cas, le français utilise un infinitif passé) :

> *N'oublie pas/Rappelle-toi de fermer la porte du garage.*
> **Don't forget/Remember to lock the garage door.**
> *Je ne me souviens pas avoir fermé la porte du garage.*
> **I can't remember locking the garage door.**

d. les verbes **stop** et **try**. Ne pas confondre :

Il s'est arrêté pour me parler. **He stopped to talk to me.**

Il a arrêté de me parler. **He stopped talking to me.**

try and do *ou* **try to do** : *tentative ;* **try doing** : *expérience*

C'est un grand jour pour toi demain. Essaie de te lever à l'heure.

It's your big day tomorrow. Try and get up on time ou **Try to get up on time**

– *Je rate toujours ce bus.* – *Essaie de te lever à l'heure* (pour voir).

– I always miss that bus. – Try getting up on time.

e. les verbes **need** et **want**. L'infinitif a un sens actif, **-ing** un sens passif :

J'ai besoin de/Je veux me laver les mains.

I need/want to wash my hands.

Mes mains ont bien besoin d'être lavées.

My hands certainly need/want washing.

3. Remarquer aussi les constructions suivantes après les verbes d'opinion :

consider, know, report, suppose, etc.

They supposed he was a fool. = They supposed him to be a fool.

Très fréquent au passif. Voir en particulier p. 45 (faux conditionnel).

He was reported to be in China. *On le disait en Chine.*

EXERCISE

Translate using the vocabulary provided

1. *J'ai toujours beaucoup de plaisir à faire la grasse matinée.*
   enjoy, have a lie-in

2. *Je l'ai entendu proposer à Jenny de la déposer.*
   offer a lift

3. *Est-ce que le congélateur a besoin d'être dégivré ?*
   freezer, defrost

4. *J'ai essayé de lui parler, mais il n'a pas voulu écouter.*
   talk, listen

5. *Je vais essayer de lui parler demain.*

6. *Pense à payer la note de téléphone, d'accord ?*
   phone bill

7. *Philippe n'aime pas qu'on l'appelle « mon garçon ».*
   resent, call

8. *Thomas ! Arrête de martyriser ce pauvre chien !*
   torment

9. *Certaines villes sont connues pour être très chères.*
   know, expensive

10. *Est-ce que ça vaut la peine de continuer ?*
    carry on

Answers on p. 265.

THAT'S ALL, FOLKS!

52	PENDANT, PENDANT QUE For/during/while

TEST: Fill in the blanks. Choose a., b., c.
   a. during   **b.** while   **c.** for

1. *Pendant que son mari s'occupait de l'essence, Susan achetait des provisions.*
   ... her husband was seeing to the petrol, Susan bought some things to eat.

2. *Mes grands-parents se sont rencontrés pendant la guerre.*
   My grandparents met ... the war.

3. *Les grévistes ont discuté avec la direction pendant plus de six heures.*
   The strikers had talks with the management ... more than six hours.

4. *Ils se sont disputés pendant la représentation.*
   They quarrelled ... the performance.

5. *Ils se sont disputés pendant tout le reste de la représentation.*
   They quarrelled ... the rest of the performance.

Now check your answers on p. 248.
How many did you get wrong? None?
Go straight to the exercises or:

REMEMBER
PENDANT, PENDANT QUE

1. « Pendant que » se traduit par **while**, *jamais* par **during** ou **for** :

> *Le fax est arrivé pendant que vous faisiez le café.*
> **The fax arrived while you were making the coffee.**

While peut être suivi directement de **-ing**, le sujet et l'auxiliaire **be** restant sous-entendus :

> *Je me suis brûlé(e) en faisant le café.*
> **I burnt myself while making the coffee.**

2. « Pendant » + nom se traduit par :

- **during** si l'expression répond à la question « quand ? » :

> *(– Quand se sont-ils rencontrés ?)*
> *– Ils se sont rencontrés pendant la guerre.*
> **(– When did they meet?)**
> **– They met during the war.**

- **for** si l'expression répond à la question « combien de temps ? » :

> *(– Combien de temps avez-vous discuté ?)*
> *– Nous avons parlé pendant une demi-heure.*
> **(– How long did you talk for?)**
> **– We talked for half an hour.**

Don't say...
* It happened during I was away.
* They met for the war.
* They met while the war.
* He worked during an hour and went to bed.

Say...
It happened while/when I was away.
They met during the war.
He worked for an hour and went to bed.

EXERCISES

A. Add 'for', 'during', 'while', and translate into French

1. What was her husband doing ... she was having a baby in the clinic?

2. Ellen was always in the habit of watching television ... doing her homework.

3. Daniel looked for that sticker ... I don't know how long.

4. Jane often falls asleep ... the late night news.

5. We did a lot of swimming ... our holiday in Devon.

B. Translate into English

1. *On m'a volé ma voiture pendant que j'étais au travail.*

2. *J'ai eu mal à l'épaule pendant une semaine.*

3. *Je me suis foulé la cheville en jouant au tennis.*

4. *Tom et Sally se sont disputés pendant leur repas de noce.*

5. *Il était tellement écœuré qu'il a quitté la salle pendant le film.*

Answers on pp. 265-266.

THAT'S ALL, FOLKS!

<table>
<tr><td>**53**</td><td>**POUR, AFIN DE**
To, so as to, in order to, so that, for</td></tr>
</table>

TEST: Choose the right answer(s)

1. *Nous sommes partis plus tôt pour arriver à l'heure malgré la grève.*
   We left earlier ... arrive on time in spite of the strike.
   a. to   **b.** for to   **c.** in order to

2. *Il lui a fallu huit ans pour devenir médecin.*
   It took him eight years ... a doctor.
   a. for to become   **b.** for becoming   **c.** to become

3. *La loi anti-tabac a été votée afin de protéger la santé des non-fumeurs.*
   The anti-smoking law was voted ... protect the health of non-smokers.
   a. for to   **b.** so as to

4. *La chaîne refusa de diffuser le film un après-midi afin de ne pas choquer les jeunes téléspectateurs.*
   The channel refused to show that film in the afternoon ... young viewers.
   a. so as not to upset   **b.** for not upsetting   **c.** for not to upset

5. *Trouve-moi quelque chose pour écrire.*
   Find me something ... .
   a. for writing   **b.** to write
   c. to write with   **d.** to write on

6. *Il a été condamné à cinq ans de prison pour avoir vendu de la drogue.*
   He was sentenced to five years prison ... drugs.
   a. to have sold   **b.** for to have sold
   c. for to sell   **d.** for selling

7. *Ils ont changé la date pour que tout le monde puisse venir.*
   They changed the date ... everyone could come.
   a. so that   **b.** for   **c.** in order to

Now check your answers on p. 248.
How many did you get wrong? None?
Go straight to the exercise or:

REMEMBER

1. « Pour » se traduit souvent par **for**. Exemples :
   I've got something for you. *J'ai quelque chose pour vous.*
   They're coming for three weeks.
   Ils viennent pour trois semaines.
   They took him for a fool. *Ils l'ont pris pour un imbécile.*
   He was left for dead. *On l'a laissé pour mort.*

2. « Pour » + infinitif exprimant le but : **to, so as to, in order to + do** :
   Il s'est levé plus tôt pour finir d'écrire ses lettres.
   He got up earlier to finish writing his letters.
   = He got up earlier so as to finish writing his letters.
   = He got up earlier in order to finish writing his letters.
   S'il y a une négation, on place **not** devant **to** :
   Je me suis levé plus tôt pour ne pas rater le bus.
   I got up earlier not to miss the bus.
   = I got up earlier so as not to miss the bus.
   = I got up earlier in order not to miss the bus.

3. « Pour » + infinitif après un nom : **to + infinitif + préposition adéquate** :
   Voici quelque chose pour vous asseoir. **Here's something to sit on** (= quelque chose sur quoi vous asseoir).
   Here's something for you to sit on.

4. « Pour » + infinitif passé exprimant la cause : **for + doing** :
   He was arrested for stealing a car.
   Il a été arrêté pour avoir volé une voiture.

5. « Pour que », « afin que » : **so that + sujet + verbe**. On emploie aussi assez souvent un auxiliaire modal :
   Afin que tout le monde arrive à l'heure.
   So that everyone arrives on time.
   So that everyone can/may/should arrive on time.
   Afin que ça ne se reproduise pas.
   So that it doesn't happen again.

Don't say...
* He got up for to finish his letters.
* I left at six for not to miss the bus.
* Here's a chair to sit.
* He was arrested for to steal a car.
* (Swing low, sweet chariot,) Coming for to take me home
(sauf si vous vous appelez Louis Armstrong).
Say...
He got up to finish his letters.
I left at six (so as) not to miss the bus.
Here's a chair to sit on.
He was arrested for stealing a car.
(Swing low, sweet chariot,) Coming to take me home.

EXERCISE

Translate using the vocabulary provided

1. *Henri cherchait un outil pour ouvrir la porte.*
   look for, tool, open, door

2. *Je n'ai pas eu assez de temps pour tout finir.*
   enough, time, finish

3. *Le ministre a démissionné afin de pouvoir passer plus de temps avec sa famille.*
   minister, resign, spend

4. *Je n'ai pas de poche assez grande pour y mettre ce portefeuille.*
   pocket, put, wallet

5. *Le centre-ville a été fermé à la circulation afin de réduire la pollution atmosphérique.*
   town centre, traffic, reduce, air pollution

6. *Je leur ai fait le même cadeau pour qu'il n'y ait pas de disputes.*
   give, present, quarrels

7. *As-tu besoin de verres pour servir le champagne ?*
   need, glass, serve, champagne

8. *As-tu besoin de quelqu'un pour servir le champagne ?*

9. *Je le croyais trop bête pour comprendre cette plaisanterie.*
   silly, understand, joke

10. *Il n'y a rien pour s'appuyer.*
    lean

11. *Patrick s'est fait enguirlander pour être arrivé deux fois en retard la même semaine.*
    tell off, late, twice, week

12. *Afin que cela ne se reproduise pas, il a acheté un radio-réveil.*
    happen again, buy, radio-alarm

Answers on p. 266.

THAT'S ALL, FOLKS!

54	ENCORE ET TOUJOURS
	Still, again, yet

TEST: Choose the right translation

1. *Jonathan est encore en congé de maladie. Ça fait maintenant une semaine.*
   a. Jonathan is off sick again. It's been a week now.
   b. Jonathan is still off sick. It's been a week now.

2. *Jonathan est encore en congé de maladie. C'est la troisième fois ce mois-ci.*
   a. Jonathan is off sick again. It's the third time this month.
   b. Jonathan is still off sick. It's the third time this month.

3. *Jonathan est toujours en congé de maladie. Ça fait maintenant une semaine.*
   a. Jonathan is still off sick. It's been a week now.
   b. Jonathan is always off sick. It's been a week now.

4. *Jonathan est toujours en congé de maladie. Il est allergique au travail.*
   a. Jonathan is always off sick. He's allergic to work.
   b. Jonathan is still off sick. He's allergic to work.

5. *Il va nous falloir encore de la peinture.*
   a. We're going to need paint again.
   b. We're going to need more paint.

6. *Je n'ai pas encore été payé.*
   a. I haven't been paid yet.
   b. I still haven't been paid.

7. *Je n'ai toujours pas été payé.*
   a. I haven't been paid yet.
   b. I still haven't been paid.

Now check your answers on p. 248.
How many did you get wrong? None?
Go straight to the exercises or:

REMEMBER
ENCORE

1. Une situation ou une action *se prolonge* : **still**.
   He's still eating. *Il mange encore* (il n'est pas sorti de table).
   You're still too young. *Tu es encore trop jeune.*

2. Une situation ou une action *se répète* : **again**.
   He's eating again. *Le voilà qui se remet à manger !*

3. Idée de *rajout*, de quantité supplémentaire : **some more,** ou **any more**.
   Voulez-vous encore du thé ?
   Would you like some more tea?
   Est-ce qu'il y a encore du thé ? **Is there any more tea?**
   Voir p. 123 (some, any, none).

4. « Pour l'instant », « à l'heure qu'il est » : **yet**.
   You're too young yet.
   Tu es encore trop jeune (pour l'instant).
   Have you been paid yet? *As-tu (déjà) été payé ?*

5. « Pas encore » se traduit par **not yet**.
   Je n'ai pas encore fini. **I haven't finished yet.**

TOUJOURS

6. Une situation ou une action *se prolonge* : **still** (même sens que « encore » dans le point 1 ci-dessus).
   It's still raining.
   Il pleut toujours/encore (la pluie n'a pas cessé).

7. « Toujours » = « tout le temps », « immanquablement » : **always**.
   He's always eating. *Il est toujours en train de manger.*

EXERCISES

A. Which of these five words must be used in the translation of the following sentences?

a. still   **b.** again   **c.** always   **d.** yet   **e.** more

B. Translate these sentences

1. *J'aurai toujours des doutes à son égard.*
2. *Désolé, mais le dîner n'est pas encore prêt.*
3. *Je n'ai toujours pas de nouvelles de lui.*
4. *Son bébé est encore tout petit.*
5. *Il n'est même pas encore dix heures.*
6. *J'attends toujours sa réponse. Quand va-t-il se décider ?*
7. *Tu peux toujours lui poser la question.*
8. *Les incendies de forêt brûlaient encore ce matin.*
9. *Avez-vous encore des cartes de vœux ? Celles-ci ne suffiront pas.*
10. *– Avez-vous encore des cartes de vœux ? – Pas en mars, monsieur !*
11. *Encore une petite goutte de vin ?*
12. *Paul s'est encore cassé la jambe.*
13. *Avez-vous déjà réservé votre hôtel ?*
14. *Alison est toujours en retard.*
15. *Tu es encore en retard !*

Answers on p. 266.

THAT'S ALL, FOLKS!

TEST: Choose the right translation

1. *Veux-tu voir un autre film ?*
   Would you like to see ...?
   a. an other film   **b.** another film   **c.** an another film

2. *Où sont les autres documents ?*
   Where are ... documents?
   a. the other   **b.** the others   **c.** other

3. *Ces lettres sont tapées. Voyons les autres.*
   These letters are typed. Let's have a look at ... .
   a. the other   **b.** the others ones   **c.** the other ones

4. *Paul et Virginie sont à la plage. Les autres révisent leur Kama Soutra.*
   Paul and Virginia are at the beach. ... are revising their Kama Sutra.
   a. The others   **b.** The other ones   **c.** The others ones

5. *Certains diront oui. D'autres ne seront pas d'accord.*
   Some will say yes. ... won't agree.
   a. The others   **b.** Others   **c.** Other ones

6. *Voulez-vous autre chose ?*
   Would you like ...?
   a. another thing   **b.** something else   **c.** something other

7. *Y a-t-il quelqu'un d'autre pour Capri ?*
   Is there ... for Capri?
   a. anyone other   **b.** another one   **c.** anyone else

8. *Ne pleure pas. Je vais t'en acheter un autre.*
   Don't cry. I'll buy you ... .
   a. another   **b.** another else   **c.** another one

Now check your answers on p. 248.
How many did you get wrong? None?
Go straight to the exercise or:

REMEMBER
AUTRE

1. On n'écrit pas *an other, mais **another**.
   C'est une autre paire de manches.
   That's another kettle of fish.

2. Lorsque **other** est suivi d'un nom ou du pronom **one(s)**, il est adjectif, donc invariable.
   Il n'y a pas eu d'autres questions.
   There were no other questions.
   Ces tasses ne sont pas mal, mais je préfère les autres.
   These cups are quite nice, but I prefer the other ones.

3. **Other** peut aussi s'employer comme pronom, surtout lorsqu'il s'agit de personnes. Dans ce cas il peut se mettre au pluriel, et donc prendre la terminaison **-s**.
   Les autres n'étaient pas arrivés.
   The others hadn't arrived.

4. Autre : **else**.
   autre chose (que) : **something/anything else (than)**
   quelqu'un d'autre : **someone/anyone else**
   ailleurs : **somewhere/anywhere else, elsewhere**
   rien d'autre (que) : **nothing else (but)**
   personne d'autre que vous : **no one else but you**
   nulle part ailleurs : **nowhere else**

5. Noter encore :
   tous les deux jours : **every other day**

Don't say...
* Let's order an another bottle.
* Come and meet our others friends.
* Would you like something other?
Say...
Let's order another bottle.
Come and meet our other friends.
Would you like something else?

EXERCISE

Translate using the vocabulary provided

1. *Tu ne peux pas inviter un de tes collègues sans inviter tous les autres.*
   ask, colleague

2. *Qu'y a-t-il d'autre à l'ordre du jour ?*
   on the agenda

3. *Les autres éditions ne sont plus disponibles.*
   edition, available

4. *Regarde-moi cette circulation ! Tu ne connais pas un autre chemin ?*
   traffic, way

5. *Est-ce que vous préféreriez dîner ailleurs ?*
   would rather, have dinner

6. *Qui d'autre travaille sur ce projet ?*

7. *J'ai fini ma glace. Est-ce que je peux en avoir une autre ?*
   finish, ice-cream

8. *Je n'en ai pas d'autres de cette couleur.*
   in that colour

9. *Personne d'autre ne serait aussi bête.*
   stupid

10. *J'aimerais savoir ce que les autres vont faire.*

Answers on p. 267.

THAT'S ALL, FOLKS!

56	FAIRE
	Do/make a bed

TEST: Fill in the blanks with the correct form of 'do' or 'make'

1. *Tenez. Je crois qu'un cognac vous fera du bien.*
   Here. I think a brandy ... you good.

2. *Ils se font des amis facilement.*
   They ... friends easily.

3. *Je déteste faire les courses avec ma femme.*
   I hate ... the shopping with my wife.

4. *J'ai fait de l'anglais il y a longtemps.*
   I ... English a long time ago.

5. *Arrêtez de faire tout ce bruit!*
   Stop ... all that noise!

Now check your answers on p. 248.
How many did you get wrong? None?
Go straight to the exercises or:

REMEMBER

1. **make** indique la production de quelque chose qui n'était pas là en tant que tel auparavant.

   He made a fire. *Il a fait du feu* (c'est-à-dire assemblé le bois, frotté une allumette, etc., de sorte que le feu est apparu).

   He made a fuss. *Il a fait toute une histoire* (poussé des cris, tapé du pied, fait naître le vacarme).

2. **do** n'implique pas une idée de production, mais simplement qu'on fait le nécessaire.

   He did the fire. *Il s'est occupé du feu* (peut-être l'a-t-il allumé ou tout simplement entretenu).

   She did the rooms. *Elle a fait les chambres* (c'est-à-dire le ménage).

3. Remarquez la différence :

   What are you doing? *Qu'est-ce que tu fais ?* (Question très générale.)

   What are you making? *Qu'est-ce que tu construis/ fabriques ?* (Je vois que tu travailles avec du bois/du papier, etc.)

4. Lorsque **do** et **make** sont *tous les deux possibles*, la différence de sens est généralement claire. Comparez ces exemples :

   David makes crossword puzzles.
   David invente des problèmes de mots croisés.

   David does crossword puzzles. *David fait des mots croisés* (c'est-à-dire trouve les solutions).

   Remarquer aussi :

   Peter's made the beds. *Pierre a fait les lits* (c'est-à-dire disposé draps et couvertures, etc.).

   Peter's done the beds. *Pierre s'est occupé des lits* (c'est-à-dire qu'il a *fait le nécessaire*, peut-être simplement disposé draps et couvertures, ou déplacé ou repeint les lits, etc.).

5. Noter :

   That did him. *Ça lui a réglé son compte.*
   That made him. *Ça a fait son succès.*

6. Noter aussi :

   make + adjectif = rendre + adjectif
   C'est l'odeur qui l'a rendue malade.
   It was the smell that made her ill.

   Pour l'expression « faire faire », voir p. 171.

EXERCISES

A. Fill the blanks with the appropriate form of 'do' or 'make' and translate into French

1. You should only ... business with people you can count on.
2. Jenny ... a lot of swimming.
3. If she wastes her money like that, she will never ... a fortune.
4. They decided to ... a new biography of Jack Kennedy.
5. Her speech ... her famous.
6. Henry ... a lot of overtime.
7. Let's ... an experiment, shall we?
8. Have you ... any plans?
9. Why ... things by halves?
10. Betty ... herself a cup of tea before she went to bed.

B. Translate into English

1. *Rome ne s'est pas faite en un jour.*
2. *Mais certains touristes font l'Europe en huit jours.*
3. *Ne me dis pas que tu es en train de faire la vaisselle !*
4. *Silence, s'il vous plaît ! Chris va faire un discours.*
5. *Ils ne reconnaissent jamais qu'ils ont fait une erreur.*
6. *Je ferai de mon mieux.*
7. *La bonne femme d'en face fait toujours des histoires pour rien.*
8. *Si tu continues comme ça, tu vas te rendre malade.*
9. *D'après le docteur, Sue a fait beaucoup de progrès.*
10. *David gagne une fortune à vendre des vieux journaux.*

Answers on p. 267.

THAT'S ALL, FOLKS!

57 QUEL VERBE EMPLOYER?
The joys of learning/teaching grammar

TEST: Choose the right answer

1. *J'ai enfin appris à ne pas dire la première chose qui me vient à l'esprit.*
   At last I've ... not to say the first thing that comes into my head.
   a. learnt   **b.** taught

2. *Qu'est-ce qui vous est arrivé ?*
   What's ... to you?
   a. arrived   **b.** happened

3. *Le journaliste est mort dans un accident de la route.*
   The reporter ... in a road accident.
   a. is dead   **b.** died

4. *Vous me manquez terriblement.*
   ... terribly.
   a. I lack you   **b.** You miss me   **c.** I miss you

5. *Comme son réveil n'a pas sonné, Ted a manqué le bus.*
   As his alarm didn't go off, Ted ... the bus.
   a. missed   **b.** lacked   **c.** lacked of

6. *J'en ai bu un peu. Ça ressemblait à du whisky.*
   I drank some. It ... whisky.
   a. looked   **b.** tasted
   c. tasted like   **d.** looked like

7. *Ne dis pas ça !*
   Don't ... that!
   a. say   **b.** tell

8. *Frank dit que c'est une erreur.*
   Frank ... it's a mistake.
   a. says   **b.** tells

9. *Votre père me dit que vous aimeriez travailler chez nous.*
   Your father ... that you'd like to work for us.
   a. tells to me   **b.** says to me   **c.** tells me

10. *Pourquoi leur avez-vous dit de revenir aujourd'hui ?*
    Why did you ... come back today?
    a. say them to   **b.** say to them to
    c. tell to them to   **d.** tell them to

Now check your answers on p. 248.
How many did you get wrong? None?
Go straight to the exercise or:

REMEMBER

1. verbes à double sens en français :

apprendre = assimiler : **learn** ; apprendre = enseigner : **teach**

arriver = venir : **arrive** ; arriver = se passer : **happen**

gagner (au jeu) : **win** ; *gagner* (en travaillant) : **earn**

laisser = quitter, abandonner : **leave** ; *laisser* + verbe : **let** (voir p. 171)

rappeler quelque chose à quelqu'un : **remind somebody of something** ; *se rappeler*/se souvenir de quelque chose : **remember something**

regarder quelqu'un : **look at somebody** ; *regarder* un film/un match (à la télévision) : **watch a film/match (on television)**

voler + victime : **rob (rob a bank)** ; *voler* + objet : **steal (steal money)**

2. *dire*

S'il n'y a pas de complément d'attribution (c'est-à-dire si on ne précise pas à qui on parle), seul **say** est possible.

> *Jim est arrivé et a dit : « Salut. »* **Jim arrived and said "Hello".**

> *Alison a dit que c'était son anniversaire.* **Alison said it was her birthday.**

S'il y a un complément d'attribution, on emploie **say** pour les citations entre guillemets, **tell** dans les autres cas.

> *Jim est arrivé et nous a dit : « Salut. »* **Jim arrived and said "hullo" to us all.**

> *Alison m'a dit que c'était son anniversaire.* **Alison told me it was her birthday.**

dire à quelqu'un de faire quelque chose : **tell somebody to do something:**

> *David m'a dit d'apporter le gâteau.*
> **David told me to bring the cake.**

3. *il est mort* = il mourut : **he died**
Shakespeare died in 1616.

il est mort = il n'est plus de ce monde : **he's dead**

la mort : **death**

les vivants et les morts : **the living and the dead**

4. *manquer*

être absent : **be missing**

> *Ce qui manque dans ce roman, c'est un peu d'humour.*
> **What is missing in this novel is a bit of humour.**

manquer de quelque chose : **lack something**

> *Ce roman manque d'humour.* **This novel lacks humour.**
> *Tu me manques.* **I miss you.** *Je te manque ?* **Do you miss me?**

manquer, rater le train : **miss the train**

5. *avoir l'air*

On emploie **look, sound, feel, taste** ou **smell** selon le sens impliqué (vue, ouïe, toucher, goût ou odorat).

> *Ces fenêtres ont l'air vraies, mais ce ne sont que des peintures.*
> **Those windows look real, but they're just paintings.**
> *Paul a téléphoné ; il avait l'air très heureux.*
> **Paul rang up. He sounded very happy.**

Si ces verbes sont suivis d'un nom, on insère la préposition **like**.

> *On dirait du bois, mais en fait ce n'est que du plastique.*
> **It looks like wood, but in fact it's plastic.**

Le verbe **seem** traduit une impression plus abstraite, qui n'implique pas forcément une perception sensorielle.

EXERCISE

Translate into English

1. *Les voisins ont l'air très gentils.*
2. *Mme Simpson m'a appris à jouer du piano.*
3. *Shakespeare est mort depuis quatre siècles.*
4. *Qui est arrivé par le dernier train ?*
5. *Qu'est-ce qui est arrivé à votre bras ?*
6. *Les experts disent que c'est la fin de la récession.*
7. *Ma sœur n'a jamais manqué d'ambition.*
8. *Tu as vu Jonathan ? Il a l'air très fatigué, tu ne trouves pas ?*
9. *Rappelez-moi votre nom.*
10. *Qui est cette fille ? Je ne me rappelle pas son nom.*
11. *Quand il m'en a parlé, ça avait l'air très bien.*
12. *Il manque de l'argent dans la caisse.*
13. *Est-ce que votre vieille machine à écrire vous manque ?*
14. *Combien gagne-t-il ?*
15. *Dites-lui que je serai de retour dans dix minutes.*

Answers on pp. 267-268.

THAT'S ALL, FOLKS!

58	ARTICLE INDÉFINI
	A/an

TEST: Add 'a' or 'an'

1. *Est-ce que tu connais un hôtel qui n'est pas trop cher ?*
   Do you know ... hotel which isn't too expensive?

2. *La décision fut unanime.*
   It was ... unanimous decision.

3. *Le médecin a fait une erreur regrettable dans son diagnostic.*
   The doctor made ... unfortunate mistake in his diagnosis.

4. *Tu devrais essayer d'épouser une héritière.*
   You should try and marry ... heiress.

5. *C'est un projet européen.*
   It's ... European project.

Now check your answers on p. 248.
How many did you get wrong? None?
Go straight to the exercise or:

REMEMBER

On emploie A

1. Devant une consonne :
   a big effort, a small orange, a mistake, a walk

2. Devant les sons « ye » [j] et « we » [w] :
   a university, a Yankee; a walk, a one-man show

3. Devant un h (sauf exceptions indiquées plus bas) :
   a house, a history of England

4. Devant u, y ; d, g, j, k, p, q, t, v, w, z lorsqu'on épelle un mot.
Voir pp. 237-238.

On emploie AN

1. Devant une voyelle :
   an effort, an orange, an enormous mistake

2. Devant les mots dans lesquels le h est muet, c'est-à-dire :
a. **hour** et ses dérivés (hourly, etc.)
b. **honour** et ses dérivés (honourable, etc.)
c. **honest** et ses dérivés (honesty, etc.)
d. **heir** et ses dérivés (heiress, etc.)
   an hour, an honourable solution, an honest man, an heir

3. Devant a, e, i, o ; f, h, l, m, n, r, s, x lorsqu'on épelle un mot.
Voir pp. 237-238.

EXERCISE

Add 'a' or 'an' and translate into French

1. Alison wants to go to ... university in Scotland.

2. The Prime Minister spoke for ... hour.

3. I don't think you'll need ... umbrella today.

4. Have you ever known ... history book become a best seller?

5. Is « organize » written with ... S or ... Z?

6. All cars in England have to pass ... MOT*.

7. Have you ever heard of ... honest crook?

8. It's the first time I've stayed at ... YMCA hostel.

9. You can lose a lot of money playing ... one-armed bandit.

10. There can be advantages in being ... only child.

* Contrôle technique imposé par le « Ministry Of Transport ».

Answers on p. 268.

THAT'S ALL, FOLKS!

TEST: Choose the right answer

1. *L'équipe des Barbarians a marqué deux essais.*
   The Barbarians scored two ... .
   a. trys   **b.** tries

2. *Les spectateurs ont bombardé les acteurs de tomates pourries.*
   The spectators bombarded the actors with rotten ... .
   a. tomatos   **b.** tomatoes

3. *Henri VIII est surtout connu pour ses femmes.*
   Henry VIII is known mainly for his ... .
   a. wifes   **b.** wives

4. *Qu'est-ce que les enfants ont encore fabriqué ?*
   What have the ... been up to again?
   a. children   **b.** childrens

5. *Les routes représentent un danger pour les chevreuils.*
   Roads are dangerous for ... .
   a. deer   **b.** deers

Now check your answers on p. 248.
How many did you get wrong? None?
Go straight to the exercise or:

REMEMBER
PLURIELS IRRÉGULIERS

1. Le **y** final devient **-ies** sauf s'il est précédé d'une voyelle :
try, worry => tries, worries ; mais **tray=> trays**

2. Les mots en **-o** font **-oes** ou **-os** pour les mots savants :
hero, potato, tomato => heroes, potatoes, tomatoes...
adagio, piano, soprano => adagios, pianos, sopranos...

3. Plusieurs mots en **-f** ou **-fe** font leur pluriel en **-ves** :
knife, life, wife => knives, lives, wives
leaf, loaf => leaves, loaves
thief => thieves
calf, half => calves, halves

Certains hésitent entre deux pluriels :
scarf, wharf => scarfs/scarves, wharfs/wharves
hoof => hooves/hoofs

D'autres font leur pluriel normalement :
**beliefs, briefs, chiefs, handkerchiefs, proofs, roofs, safes,
cliffs, cuffs**

4. Pluriels irréguliers :
a. modification particulière :
ox => oxen, child => children
man, woman => men, women (se prononce « wimmin »)
penny => pennies (pièces de monnaie)/**pence** (sommes :
twenty pence, de nos jours souvent **twenty p.**)
foot => feet, goose => geese, tooth => teeth
mouse => mice, louse => lice

b. N'ont *jamais* de **-s** :
• les noms d'animaux suivants : **deer, grouse, sheep, swine**
(Éviter **deers**, que l'on trouve quelquefois.)
• les mots **aircraft** (avion, appareil) et **craft** (embarcation,
bateau)
• certains noms de poissons :
cod, mackerel, perch, pike, salmon, trout...
mais : **bloaters, kippers, herrings, sardines**

● Noter aussi que dans la langue des chasseurs, les noms désignant le gibier ne prennent pas de **-s** :

   We killed three tiger. *On a tué trois tigres.* (En safari.)
   Mais : **Come and look at the tigers, Susan!**
   Viens voir les tigres, Suzanne ! (Dans un zoo.)

c. Pour les unités de mesure, l'usage est fluctuant :
foot est invariable s'il est suivi d'un autre nombre :

   He's five foot six. *Il mesure cinq pieds six pouces* (1,67 m).
Mais :

   He's six foot *ou* **feet tall.** *Il mesure six pieds* (1,82 m).
   He weighs twelve stone. *Il pèse douze stones* (76 kilos).
   Jamais de **-s**.
   Four pound/pounds of potatoes, please. *Deux kilos de pommes de terre, s'il vous plaît.*
It cost me four pound : plus familier que **four pounds**.

d. Les pluriels grecs et latins sont nombreux. Voici quelques exemples utiles :
memorandum => **memoranda**
bacterium => **bacteria**
criterium => **criteria**
crisis => **crises, appendix** => **appendices** (ces terminaisons
-es riment avec **tease**)
formula => **formulae** (**-ae** se prononce comme « ee » dans
meet)
stimulus => **stimuli, alumnus** => **alumni** (**-i** rime avec **my, tie**,
etc.)

EXERCISE

Complete the translation

1. *Combien de photos reste-t-il dans l'appareil ?*
   How many ... are left in the camera?
   a. photos   **b.** photoes

2. *Les universités anglaises ont chacune leur écharpe.*
   English universities have their own ... .
   a. scarfs   **b.** scarves

3. *Ce film est un vrai mélo ; il te faudra plusieurs mouchoirs.*
   That film is a real tear-jerker: you'll need several ... .
   a. handkerchiefs   **b.** handkerchieves

4. *Si on prenait un taxi ? J'ai horriblement mal aux pieds.*
   Let's get a taxi, shall we? My ... are killing me.
   a. feet   **b.** feets
   c. foot   **d.** foots

5. *Les bons joueurs de basket mesurent tous au moins 1,80 m.*
   Good basketball players are all at least six ... tall.
   a. feet   **b.** feets
   c. foot   **d.** foots

6. *On se demande pourquoi il a estimé nécessaire d'entourer sa propriété d'un mur de trois mètres de haut !*
   One wonders why he thought it necessary to build a ten ... high wall round his property!
   a. feet   **b.** feets
   c. foot   **d.** foots

7. *T'as essayé ces nouvelles souris ergonomiques ?*
   Have you tried these new, ergonomic ...?
   a. mouses   **b.** mice   **c.** mices

8. *On pense souvent que les moutons sont des animaux stupides.*
   ... are often thought to be stupid animals.
   a. Sheep   **b.** Sheeps

9. *Pourquoi fait-on toujours des plaisanteries sur les belles-mères ?*
   Why do people always make jokes about ...?
   a. mother-in-laws   **b.** mothers-in-law

10. *– Et pour la petite dame ? – Trois belles truites bien fraîches, s'il vous plaît.*
    – What'll it be, love? – Three nice fresh ..., please.
    a. trout   **b.** trouts

Answers on p. 268.

THAT'S ALL, FOLKS!

<table>
<tr><td>**60**</td><td>**CONSONNE DOUBLE OU SIMPLE?**
Hoping and hopping</td></tr>
</table>

TEST: Choose the right spelling

1. *Rien ne peut l'arrêter maintenant!*
   There's no ... him now!
   a. stoping **b.** stopping

2. *Au début, on ne s'entendait pas avec les voisins.*
   At the ..., we didn't get on with our neighbours.
   a. begining **b.** beginning

3. *À qui écris-tu?*
   Who are you ... to?
   a. writing **b.** writting

4. *Je me réjouis par avance de vous rencontrer.*
   I look forward to ... you.
   a. meeting **b.** meetting

5. *Le conducteur indiqua qu'il tournait à gauche, puis tourna à droite.*
   The driver ... he was turning left, and then he turned right.
   a. signaled **b.** signalled

Now check your answers on p. 248.
How many did you get wrong? None?
Go straight to the exercise or:

REMEMBER

Lorsqu'on ajoute **-ing, -ed, -er** :

1. Le e final disparaît :
like, love => liking, loving; liked, loved; lover

2. On redouble la consonne finale si elle est précédée d'une seule voyelle *et* se trouve dans une syllabe accentuée :
slip => slipping mais **sleep => sleeping** (2 voyelles avant la consonne)
big => bigger mais **sweet => sweeter** (2 voyelles avant la consonne)
per*mit* => per*mit*ted mais **de*vel*op => de*vel*oped** (syllabe non accentuée)
Remarquer :
pre*fer* => pre*fer*red ; **of*fer* => of*fer*ed** ; dans les mots de cette famille, l'accent est final lorsqu'il n'y a qu'un seul f.

3. **ic** final devient **-ick** :
mimic => mimicking, mimicked

4. L'anglais britannique redouble cependant la consonne dans les verbes en **-al, -el**, bien qu'elle ne se trouve pas dans la syllabe accentuée :
travel => travelling, travelled, traveller (GB)
travel => traveling, traveled, traveler (US)
Noter aussi : **kidnapped, worshipped** (GB)
kidnaped, worshiped (US)

5. Exceptions : **handicapped, zigzagged** (GB *et* US).
busing, bused (**bussing** et **bussed** sont beaucoup plus rares).

EXERCISE

Choose the right spelling and translate into French

1. Do you think there's any point in me asking for a ... salary?
   a. biger   **b.** bigger

2. When are they going to finish ... that film?
   a. shooting   **b.** shootting

3. We've spent a lot of time ... new sales outlets.
   a. developping   **b.** developing

4. Have you ordered your ... cheques?
   a. travelers   **b.** travellers

5. When are you thinking of ...?
   a. moving   **b.** moveing

6. My doctor ... me to an eye specialist.
   a. refered   **b.** referred

7. Smoking is not ... within this area.
   a. permited   **b.** permitted

8. Linda is working with ... children.
   a. handicaped   **b.** handicapped.

9. Couldn't you be a bit ... when you come in?
   a. quieter   **b.** quietter

10. He was accused of being a drug ... .
   a. trafficcer   **b.** trafficer   **c.** trafficker

Answers on p. 268.

THAT'S ALL, FOLKS!

DIALOGUES
DE RÉVISION

Choose the right answer in the following dialogues

DIALOGUE 1

– How is Sheila these days?
– Oh, she **(1) ('s/Ø)** left **(2) (the/Ø)** home.
– Where **(3) (lives she/is she living)** now?
– She **(4) ('s sharing/shares)** a little house with three other people. She felt it was time to become more independent and **(5) (teach/learn)** to do things for herself. She **(6) ('s really enjoying/really enjoys)** it at the moment but we'll see **(7) (what/which)** happens when winter **(8) (will come/comes)**. I think it's the freedom she likes most. She has also applied for a new **(9) (work/job)** but she hasn't had an answer **(10) (yet/still)**.

Answers on p. 269.

DIALOGUE 2

– We thought we'd come over and spend the day with you if that's all right with you.
– Of course it is. What time do you think you'll get here?
– Oh, about eleven o'clock. I thought we'd meet where we **(1) (have met/met)** you before, you know, at the coffee room next to the Tourist Information Office. You **(2) (remember/remind)**, you **(3) (go/are going)** up the High Street, then it's on the left, after the cinema.
– Oh, thanks for **(4) (remembering/reminding)** me. Last time I got lost, then I couldn't find a **(5) (space of parking/parking space)**, and then I nearly **(6) (missed/lacked)** you, I got there **(7) (so/such)** late.

Answers on p. 269.

DIALOGUE 3

– Did you remember to (1) **(do/make)** the shopping?
– Well, I went into town...
– And?
– I (2) **(ought/should)** have (3) **(made/done)** a list, because when I got there I wasn't sure (4) **(what/of which)** I was supposed to get.
– Does that mean we've got nothing to eat?
– Well, there (5) **(has to/must)** be (6) **(something/anything)** in the freezer.
– I don't want (7) **(nothing/anything)** out of the freezer. I suppose we'll have to go and get yet another Chinese takeaway!
– I (8) **(was thinking/thought)** you (9) **(were liking/liked)** Chinese food.
– I do, but you can have (10) **(too much/much too)** of a good thing!

Answers on p. 270.

DIALOGUE 4

– Do you know (1) **(what/which)** (2) **(has happened/happened)** to Sue last week?
– No, what happened to her?
– She drove into town to see a film, then (3) **(didn't could/couldn't)** find (4) **(his/her)** car when she came out of (5) **(Ø/the)** cinema. She (6) **(looked/was looking)** everywhere but there was (7) **(any/no)** trace of it. Finally she went to the police and (8) **(said/told)** them about her problem. They asked (9) **(her to/that she)** give them a description of it, thinking it had been (10) **(stolen/robbed)**. Meanwhile Sue caught (11) **(Ø/the)** bus home. Next morning she had a phone call. Her (12) **(lacking/missing)** car had been found – in the multistorey carpark where (13) **(she had/had she)** left it.
Moral: Sometimes it's (14) **(easier/more easy)** to (15) **(watch/look)** films on TV.

Answers on p. 270.

DIALOGUE 5

– Have you bought one of the new lottery tickets?
– No, there's not (1) **(much/many)** chance of winning.

– You never **(2) (are knowing/know)**. In any case, if you don't buy a ticket, you'll never win **(3) (anything/nothing)**.

– Perhaps, but at least I know where I stand and I'm not out of pocket.

– Well, yes, but that's **(4) (a rather/a quite)** boring way of looking at **(5) (the/Ø)** life, don't you think? **(6) (Still/Always)** knowing what is going to happen next. What's more, if you get **(7) (used to live/used to living)** **(8) (like/as)** that, you'll become old before your time. Come on, live dangerously and have a flutter!

– Oh, all right, just this once then–but I'm **(9) (still/yet)** not very keen. I don't intend to **(10) (do/make)** a habit of it.

Answers on pp. 270-271.

DIALOGUE 6

– Hullo, is that the Piccadilly Hotel?

– Yes. How can I help you?

– I **(1) (look/'m looking)** for a single room. Have you **(2) (Ø/any)** to spare? I **(3) ('ve rung/rang)** round all the hotels in the Yellow Pages but none of them have **(4) (nothing/anything)** left.

– Well, as it happens, we **(5) (just had/'ve just had)** a cancellation. How **(6) (many/much)** nights are you planning to stay?

– I don't know **(7) (still/yet)**. I'm over here for the Information Technology Exhibition and I **(8) (could might/might)** stay on for a few days afterwards. It all depends how **(9) (things go/go things)**.

– Well, I'll book you in for the duration of the Exhibition and we'll take it from there.

– That's fine by me. The name's Clark, by the way. Vanessa Clark.

– Right, Mrs Clark. I **(10) (registered/'ve registered)** your booking on the computer. Your room will be ready any time after two o'clock this afternoon.

Answers on p. 271.

DIALOGUE 7

– You **(1) (had/'ve had)** an appointment with the Head of Personnel yesterday, from what I heard. How did it go?

– Well it was **(2) (rather/quite)** amazing really. He wants **(3) (that I/me to)** spend a year at our Paris office, helping them to reorganize things. It's **(4) (rather a/a rather)** big decision. I **(5) (didn't go/ haven't been)** back to Paris **(6) (since/for)** I was a student. Now I'm married, I can't **(7) (make my family to/make my family)** move to France just because of my work. But on the other hand it's hard to resist **(8) (such an/a such)** exciting challenge.

– You know what I suggest you **(9) (Ø/to)** do? Spend the weekdays in Paris and the weekends in England. **(10) (The travellings/Travelling)** would be **(11) (no/any)** problem, now the Tunnel's open. You would have **(12) (the best/best)** of **(13) (both/the both)** worlds.

Answers on pp. 271-272.

DIALOGUE 8

– Did you manage to get tickets for *Othello*?
– Do you mean **(1) (Ø/the)** play or **(1) (Ø/the)** live opera?
– **(1) (Ø/The)** play, of course. I know you can't stand **(2) (Ø/the)** live opera.
– It's true I prefer **(3) (Ø/the)** plays to **(3) (Ø/the)** music. But in any case, when I **(4) (have gone/went)** to get **(5) (Ø/the)** tickets, they **(6) (told/have told)** me at the box-office the performance had been **(7) (cancelled/canceled)** because of a strike. **(8)** (Anything/Something) about **(9) (Ø/some)** money for **(9) (Ø/some)** overtime.
– In that case, when you **(10) (finish/will finish)** work, we'll go for a meal at that restaurant that **(11) (has just/just)** opened. I **(12) ('ve heard/heard)** it's very good.
– We'll get there **(13) (much too/too much)** early if I go straight from **(14) (Ø/the)** work.
– It's very popular, so we'll have to get there early **(15) (for/to)** get a table. Come on, it'll **(16) (do/make)** you good.

Answers on p. 272.

DIALOGUE 9

– Excuse me, are there **(1) (some/any)** seats left on the ten o'clock flight for London?
– I'm afraid there are **(2) (none/any)** left, but we've **(3) (still/yet)** got **(4) (some/any)** available on the eleven o'clock flight.
– Haven't you got **(5) (anything/something) (6) (earlier/more early)** than that?

– I'm afraid not, our two early flights were **(7) (both/the both)** booked up weeks ago, and since then we **(8) (haven't had/hadn't)** **(9) (any/no)** cancellations at all. **(10) (Ø/The)** life is like that. I'm afraid you often find it's **(11) (all/every)** or nothing. **(12) (Any/Some)** weeks we hardly sell **(13) (any/some)** seats at all. But I shouldn't complain. Business could be **(14) (worse/worser)**.

– That's all very well, but I'm still without **(15) (Ø/a)** ticket. I think I'll try and go by the Shuttle.

– No problem, sir.

Answers on pp. 272-273.

DIALOGUE 10

– The government has just announced an anti-smoking campaign.

– Not **(1) (an another/another)** **(2) (Ø/one)**!

– This one is aimed at **(3) (Ø/the)** parents. They want to **(4) (make that we/make us)** aware of **(5) (Ø/the)** dangers of **(6) (Ø/the)** passive smoking, and **(6) (Ø/the)** advertising is going to be **(7) (baned/banned)**.

– I wish **(8) (that they/they would)** leave me alone. I know I **(9) (still/yet)** smoke but I **(10) (have/Ø)** cut down. I haven't given it up **(11) (still/yet)**, though I have stopped once or twice. If they go on **(12) (as/like)** this, I'll start a campaign in defence of **(13) (every/all)** smokers. Then we'd see how **(14) (did they like/they liked)** that.

Answers on pp. 272-273.

DIALOGUE 11

– The January sales **(1) (have started/started)** yesterday.

– Yes I **(2) (am knowing/know)**. I haven't been to see if I can find **(3) (anything/something)** **(4) (still/yet)**.

– Nor have I. I **(5) (might/'ll might)** go this afternoon but I won't take the car. I'll go by **(6) (public transports/public transport)**. They **(7) (warned/'ve been warning)** us about traffic jams the **(8) (all/whole)** morning. The traffic **(9) (information/informations)** on the radio **(10) (has/have)** been pretty horrific.

– That's what I **(11) (thought/have thought)** when I **(12) (heard/have heard)** the news this morning. Mind you, **(13) (anyone/no one)** sleeps on the pavement **(14) (no more/anymore)** **(15) (for/so as)** to

be first in the doors to get a really beautiful **(16) (Ø/piece of)** furniture going dirt cheap.
– Perhaps because **(17) (no/any)** beautiful **(18) (furnitures go/ furniture goes)** dirt cheap anymore!

Answers on p. 273.

DIALOGUE 12

– **(1) (Have you seen/Did you see)** this **(2) (morning's/morning)** papers?
– Not **(3) (still/yet)**. The **(4) (newsagent's/newsagent)** was **(5) (still/ yet)** shut when I **(6) (have gone/went)** past this morning. I was going to go out and get a **(7) (more late/later)** edition **(8) (for/during)** the lunch-break. Why?
– Well, your wife has her **(9) (photo/photoe)** on the front page, along with a group of **(10) (her/their)** colleagues. They **(11) ('ve/Ø)** just won a big prize on the lottery!
– Are you sure? Well, well, well... I knew they **(12) (clubed/ clubbed)** together to buy **(13) (few/a few)** **(14) (lottery tickets/tickets of lottery)** each week, but I never thought **(15) (something/anything)** would come of it. I wonder if she **(16) (is knowing/knows)**? I'll give her a ring straight away. This calls for a celebration!

Answers on pp. 273-274.

DIALOGUE 13

– What **(1) (do you look/are you looking)** at?
– It's that man over there.
– What about him?
– He **(2) (reminds/remembers)** me of **(3) (anyone/someone)**. I wish **(4) (Ø/that)** I knew who **(5) (was it/it was)**.
– I'm sure you **(6) (are imagining/imagine)** **(7) (Ø/some)** things.
– No, I **(8) (remind/remember)** now. It **(9) (was/has been)** **(10) (few/a few)** years ago now. He climbed into Buckingham Palace when the Queen wasn't there. He **(11) (said/told)** that he did it for a dare. Although he was found guilty, he wasn't sent to prison. They made him **(12) (to do/do/doing)** community service instead, looking after corgis in a dogs' home!

Answers on p. 273.

DIALOGUE 14

– (1) **(Have you seen/Did you see)** what's on television now?
– No, what?
– You've got a choice between the highlights of (2) **(this afternoon's rugby final/the rugby final of this afternoon)**, an old Charlie Chaplin (3) **(Ø/'s)** film you (4) **(already saw/'ve already seen)**, a repeat of "Dallas", and Ronald Reagan talking about (5) **(his/her)** life and times.
– Is that what (6) **(you call/do you call)** a choice? There's (7) **(anything/nothing)** worth watching. I prefer (8) **(to go/going)** go out for a drink. It makes you (9) **(to/Ø)** wonder why (10) **(you pay/do you pay)** your TV licence fee.
– Don't be (11) **(a such/such an)** old misery! There's always the video!

Answers on pp. 274-275.

DIALOGUE 15

– Do you know (1) **(who(m)/which)** (2) **(I've/I)** just heard from?
– No, (3) **(say/ tell)** me. You know I'm no good at guessing.
– It's a letter from that company (4) **(what/that/Ø)** I wrote to. You know, the one (5) **(whose/which)** bid was accepted for that big export order. You (6) **(remind yourself/remember)**, the news (7) **(was/were)** in (8) **(every/all)** the papers. It (9) **(was/has been)** only a couple of months ago.
– Oh yes. So what did the letter (10) **(tell/say)**?
– They (11) **(are offering/offer)** me an interview next week. I (12) **(can't/m' not able to)** believe it's true. I (13) **('ve been/was)** hoping for this (14) **(since/for)** (15) **(a such/such a)** long time.
– That is good news! I wish you the best of luck. I'll be keeping (16) **(the/my)** fingers crossed for you.

Answers on p. 275.

DIALOGUE 16

– Where (1) **(do you go/ are you going)**?
– I (2) **('m going/go)** shopping.
– But it's Sunday! There'll be (3) **(nothing/anything)** open.
– Yes, there is. There are two supermarkets in town. (4) **(The both/**

Both) of them **(5) (are opening/open)** on Sundays. Is there **(6) (any-thing/something)** you want **(7) (that I/me to)** get for you?

– Well yes, there is. Could you get me a bottle of red cooking wine?

– I'm sorry it's **(8) (much too/too much)** late. They can only sell **(9) (some/Ø)** alcohol until three o'clock.

– No, you're wrong. I know it used to be like that. The **(10) (shelfs/shelves)** used to be **(11) (ropped/roped)** off and they wouldn't **(12) (leave/let)** you buy) **(13) (some/any)** alcohol, but the law was changed a few years ago.

– Well, it just shows how out of touch I am!

Answers on p. 275.

DIALOGUE 17

– **(1) (Did/Has)** the post come this morning?

– Not **(2) (still/yet)**. Why?

– I **(3) ('m still waiting/still wait)** **(4) (to know/for to know)** the results of the interview I **(5) (have had/had)** last week.

– How do you think it went?

– Well I was **(6) (the person the most youngest/the youngest person)** there. It depends if they **(7) (look/are looking)** for **(8) (Ø/the)** experience or **(8) (Ø/the)** youthful enthusiasm. I'm just **(9) (hoping/hopping)** they have **(10) (prefered/preferred)** the **(11) (latter/later)**.

– Well, fingers crossed then. If you **(12) (get/will get)** the job, we'll have to **(13) (have/do)** a celebration.

– I'll keep you to that!

Answers on p. 276.

DIALOGUE 18

– **(1) (Have you/Did you)** just heard the announcement on the radio?

– No, what was that?

– There's a **(2) (ten-miles/ten-mile)** tailback on the M 25.

– Did they give any **(3) (advice/advices)** on alternative routes?

– No, only a lot of **(4) (information/informations)** about weather conditions, and the risk of very treacherous black ice.

– And I was going to go by car to the airport. I don't know what **(5) (am I/I am)** going to do. It's really not **(6) (enough good/good** enough). **(7) (A few/Few)** degrees below freezing, and **(8) (everything/all)** comes to a halt.

– Why not ring the airport? Your flight may have been **(9) (canceled/cancelled)** for all you know.

– That's a good idea. I'll go and **(10) (do/make)** it straight away.

Answers on p. 276.

DIALOGUE 19

– Whose turn is it to **(1) (do/make) (2) (the/Ø)** coffee?

– You know **(3) (as well as/so well that)** I do it's yours. I **(4) (made/did)** the cooking.

– I know, but I **(5) ('ve had/had)** a really awful day at **(6) (Ø/the)** work. We had a rush order to get off and a lot of **(7) (works/work)** had to be **(8) (done/made)** at the last minute. On top of that, on the journey home, a dog was seen in the tunnel so they **(9) (stoped/stopped)** the train **(10) (during/for)** twenty minutes until **(11) (someone/anyone)** caught it.

– All right, I'll see to **(12) (everything/all)** this evening, but you **(13) (will can/can)** do it tomorrow, mind.

– That's fine by me.

Answers on pp. 276-277.

DIALOGUE 20

– **(1) (Did you been/Have you been)** to eat **(2) (still/yet)**?

– No I **(3) (haven't had/didn't have) (4) (Ø/the)** time so far.

– Where **(5) (do you usually go/are you usually going)** to eat?

– The canteen.

– How about coming to the pub with me? It's just round the corner and they do **(6) (some/Ø)** meals in a basket. Come on, it's **(7) (much/more)** nicer than the canteen, and you'll see **(8) (much/many/lots of)** people you know.

– It sounds a good idea. It's true, not **(9) (many/a lot of)** people I know eat round there, the food at the canteen tastes **(10) (as/like)** cardboard and smells just as **(11) (bad/worse/badly)**.

– Now you see why **(12) (do we/we)** avoid **(13) (going/to go)** there!

Answers on p. 277.

DIALOGUE 21

– When do you think Barry would like **(1) (to retire/retiring)**?
– Oh, he's got **(2) (a few/few)** years to go **(3) (still/yet)**. He's **(4) (still/yet)** **(5) (rather/quite)** young.
– Oh, he's **(6) (enough old/old enough)** to start making plans.
– I'm not **(7) (so much/so)** sure. Anyway, who wants to retire? It's all right if you **(8) (gain/earn/win)** the lottery while you are **(9) (still/yet)** able to **(10) (do/make)** the most of it. What **(11) (I would/would I)** like to do is spend a few **(12) (weeks'/week)** holiday in **(13) (the/Ø)** Fiji before I **(14) (am/will be)** too old and decrepit to enjoy it.
– Then what would you do?
– Oh, I'd go back to **(15) (the/Ø)** work. I'd never **(16) (give it up/give up it)**.

Answers on p. 277.

DIALOGUE 22

– **(1) (Do you know/Are you knowing)** what **(2) (did I do/I did)** yesterday?
– No, what?
– I **(3) (locked/have locked)** myself out. I had to pay a locksmith to come and open the door, but he **(4) (has broken/broke)** the lock, so I had to pay for a new **(5) (one/Ø)**. The **(6) (whole/all)** thing cost a fortune!
– Haven't you got a spare set of keys?
– Of course I have, but I put them **(7) (anywhere/somewhere)** safe and I can't **(8) (remind/remember)** where. I was afraid of losing them.
– Well, you'll **(9) (must/have to)** get a new set now, and this time keep a spare key on a string round **(10) (your/the)** neck or something! I sometimes **(11) (am thinking/think)** you'd forget where you'd put **(12) (your/the)** head if it wasn't screwed on.

Answers on p. 278.

DIALOGUE 23

– Have you ever been interviewed for an opinion poll?
– No, and I don't know of **(1) (no one/anyone)** who has.
– Neither do I.

– In any case, I've got **(2) (any/no)** time for them. Whenever there are **(3) (Ø/the)** elections, they always get it wrong.
– Maybe. But it depends if **(4) (Ø/the)** people give **(5) (a/an)** honest answer.
– Well, I think they're at **(6) (best/better)** misleading and at **(7) (worst/worse)** dangerous because of **(8) (Ø/the)** influence they exert.
– I think you're **(9) (exaggerating/exaggeratting)**. **(10) (No one/Anyone)** is going to **(11) (leave/let)** an opinion poll **(12) (tell/say)** them how to vote!

Answers on p. 278.

DIALOGUE 24

– What do you think of all this talk about **(1) (Ø/the)** ID cards?
– I don't really know what **(2) (is the problem/the problem is)**. Mind you, I haven't really followed **(3) (Ø/the)** debate.
– Well, **(4) (Ø/the)** people are worried about **(5) (Ø/the)** country becoming a police-state.
– There's **(6) (no/any)** danger of that! In fact, they can make **(7) (Ø/the)** life **(8) (more simple/simpler)**. Look how difficult it was **(9) (proveing/proving)** my identity when I went just to renew my **(10) (swimming pool's card/swimming pool card)**! After all, you are used to **(11) (carry/carrying)** a banker's card and your driving licence around with you. So what's the difference?

Answers on pp. 278-279.

DIALOGUE 25

– Have you got **(1) (Ø/the)** time for a drink?
– No, sorry. It's our **(2) (wedding's anniversary/wedding anniversary)**, and I haven't got my wife a present **(3) (still/yet)**. I daren't **(4) (be/being)** late tonight!
– What are you going to get her?
– Well, I thought of buying her a microwave but perhaps **(5) (some/Ø)** chocolates and **(5) (some/Ø)** flowers would be **(6) (safer/more safe)**.
– You know the trouble with you? You're neither **(7) (romantic enough/enough romantic)** nor **(7) (original enough/enough original)**. Why don't you go to the travel **(8) (agent/agent's)** and **(9)**

(do/make) a booking for somewhere nice this weekend? Didn't you know **(10) (Ø/the) (11) (wifes/wives)** hate **(12) (some/Ø)** routine? **(13) (The/Ø)** boredom is a couple's **(14) (worst/worstest)** enemy!

Answers on p. 279.

DIALOGUE 26

– I **(1) (have had/had)** a call from the bank yesterday. They **(2) (said/told)** that they wanted **(3) (me to/that I)** go and see them.
– Oh yes, why was that?
– You haven't **(4) (forgotten/forgoten)** I've got an overdraft? Well, I **(5) (was thinking/thought)** it was about that. Anyway you remember my best suit, don't you? The one I wear for **(6) (the/Ø)** weddings and **(7) (the/Ø)** funerals? Well, I **(8) (got it out, put it on/got out it, put on it)**, took my courage in **(9) (my two/both)** hands and went and saw the manager. And you'll never guess what! All **(10) (Ø/what)** he wanted was to try and get me interested in some new investment scheme they're bringing out. I'll never understand **(11) (the/Ø)** banks. With my record I'm hardly the ideal customer! How ever could they **(12) (do/make)** a mistake like that! Mind you, I was **(13) (quite/rather)** relieved, I must admit.

Answers on p. 279.

DIALOGUE 27

– Have you **(1) (some/any)** idea what **(2) (the time is/is the time)**?
– No, why?
– I have the impression my watch **(3) (is/has) (4) (stoped/stopped)**. I'm sure the train **(5) (could be/should have been)** here by now.
– It's strange there hasn't been **(6) (some/any)** announcement. I hope it's not **(7) (leaves/leafs)** on the track again!
– I don't know. Every **(8) (day/days)** something **(9) (happens/is happening)**. Now I have to allow **(10) (a/an)** hour extra for each **(11) (travel/journey)**. **(12) (Travelling/Traveling)** is no fun anymore.
– You know what **(13) (is the answer/the answer is)**? Try and get **(14) (a/Ø)** work **(15) (closer/more close)** to home!
– That is **(16) (easier/more easy)** said than done!

Answers on p. 280.

DIALOGUE 28

– **(1) (Have you heard/Did you hear)** from that firm in the north **(2) (still/yet)**?

– Yes, I've got an interview next week. I'll go by train and stay overnight in a hotel. I don't like **(3) (Ø/the)** hotels but I don't have **(4) (much/lots of)** choice.

– You know there are people **(5) (which/whose)** choice it is to live in a hotel all the time. Just imagine – you would have **(6) (no/any)** housework to **(7) (do/make)**, **(8) (no/any)** beds to **(9) (do/make)**, **(10) (no/any)** cooking to **(11) (do/make,)** **(12) (no/any)** shopping to **(13) (do/make)**! You couldn't find a **(14) (more free/freer)** life **(15) (than/as)** that.

– That's as maybe, but it **(16) (is must/must)** be expensive, and it's not my idea of home. It's **(17) (so/such)** impersonal.

Answers on p. 280.

DIALOGUE 29

– Have you decided what you're doing about **(1) (a/an)** holiday this year?

– No, not **(2) (still/yet)**. In fact, I don't know if we'll have **(3) (Ø/one)** this summer. **(4) (The/Ø)** money is a bit tight at the moment.

– It always is. I remember **(5) (you to take/you taking)** on **(6) (any/some)** odd jobs you could find last May and June **(7) (so that you paid/to pay)** for your holiday in August. We hardly saw **(8) (something/anything)** of you **(9) (during/for)** that time.

– I know, but it was worth it! We had a really great holiday in **(10) (Ø/the)** States. The trouble is, we couldn't see **(11) (everything/all)** in **(12) (such a/a such)** short time. Mind you, we **(13) (did/made)** some very good friends. They might, in fact, be coming over to **(14) (Ø/the)** France **(15) (later/latter)** on to stay with us.

Answers on pp. 280-281.

DIALOGUE 30

– Have you been to the bank **(1) (still/yet)**?

– No, I was going to go after **(2) (Ø/the)** lunch. This morning I **(3) (hopped/hoped)** on a bus and went into town to **(4) (do/make)** **(5) (Ø/some)** shopping, so I spent quite **(6) (a lot of/much)** money–more

(7) (than/as) I should have done. I suppose you couldn't lend me **(8) (it/some/Ø)**?

– Sorry but **(9) (the/Ø)** Ellen's brother borrowed £10 off me this morning and it's left me **(10) (rather/quite)** short. I was **(11) (hopping/hoping)** you could help me out till I could get to the bank.

– Make sure you get there before they **(12) (will/Ø)** close. Otherwise you'll **(13) (have to/must)** use the cash dispenser and you **(14) ('ll might/might)** find it empty.

Answers on p. 281.

DIALOGUE 31

– Do you like taking **(1) (some/Ø) (2) (photoes/photos)**?

– Well, it's true I like **(3) (the/Ø)** photography, especially **(4) (the/Ø)** photography you see in **(5) (the/Ø)** exhibitions, but **(6) (what/which) (7) (I take/take I)** is not exactly artistic. I just take pictures of **(8) (the/Ø)** family.

– Well, think how important **(9) (will they/they will)** be for future generations! You **(10) (are capturing/capture)** a part of your **(11) (history of family/family history)**!

– You haven't seen my snapshots, have you? They are certainly not **(12) (work/works)** of art, and they are so **(13) (badly/bad) (14) (focused/focussed)**, you'd have trouble recognizing **(15) (someone/anyone)** you knew! No, they are certainly not worth **(16) (to keep/keeping)** for **(17) (the/Ø)** posterity.

Answers on p. 281.

DIALOGUE 32

– What **(1) (have you done/did you do)** last Saturday?

– I **(2) (have gone/went)** to **(3) (the/Ø)** Sam's wedding.

– Where did he have **(4) (his/her)** wedding?

– Sam is a she, not a he. You **(5) (remember/remind)** Samantha, **(6) (our/ours) (7) (neighbours'/neighbours's)** daughter, don't you? She's the one **(8) (who/which/Ø)** I fell in love with when I was seven. I **(9) (worshipped/worshiped)** her but she took **(10) (any/no)** notice of me, so eventually my passion died a natural death. Anyway, she got married down in the country where her parents now live, though she and her boyfriend have been living together **(11) (since/for)** many years.

– So he's decided to make **(12) (an/a)** honest woman of her!

Answers on p. 282.

DIALOGUE 33

– I **(1) ('ve/Ø)** decided to go away this weekend.

– Oh? Where **(2) (are you going/do you go)**?

– Down to the south-west. I want to get there early **(3) (for to/in order to)** make the most of my time.

– You **(4) (could go/could have gone)** with Bob. He **(5) (looked/was looking)** for **(6) (someone/anyone)** to go with him in the car, but he's got someone now.

– You're right, and what's more it would have been **(7) (more cheap/cheaper)**. Now I'll **(8) (have to/must)** try and get a place on the sleeper.

– I wonder if it's worth all this mad, frantic rushing around.

– Well, after the week I **(9) (Ø/'ve)** just had, you wouldn't ask **(10) (such a/a such)** question if you were in my shoes.

Answers on p. 282.

DIALOGUE 34

– I envy you having a garden. I wish **(1) (Ø/that)** I had **(2) (Ø/one)**.

– That's as maybe, but think of the back-breaking, thankless work that goes into it.

– Yes, everyone says that. But it's **(3) (so/such a)** fantastic place to relax and get away from **(4) (Ø/the)** people. It's **(5) (so/such)** peaceful and quiet, not **(6) (as/like)** my **(7) (ten-foot by five-foot/ten-feet by five-feet)** balcony overlooking the street with all **(8) (her/its)** noise and traffic.

– You haven't been talking to my wife, have you? I'd like **(9) (us to/that we)** move back into the city, but she wants **(10) (us to/that we)** stay in the country.

Answers on pp. 282-283.

DIALOGUE 35

– Who decides what film **(1) (are you/you are)** going to see? You or your wife?

– Ah, that's a moot point. She always wants **(2) (us to/that we)** go and see **(3) (her/his)** choice, and it's always one of these romantic, sentimental things. I've always **(4) (prefered/preferred)** **(5) (the/Ø)** action films myself, you know, films **(6) (what/whose)** **(7) (heroes/heros)** always go in for **(8) (a lot of/much)** violence.

– So, what happens then? Do you get your own way?

– What do you think? We go together to see **(9) (his/her)** film, and then I go with my mates to see "Terminator II" or whatever. I suppose things work out **(10) (well enough/enough well)**, especially as it means she can settle down with a box of tissues and watch a real weepy on the telly.

Answers on p. 283.

DIALOGUE 36

– **(1) (Have you managed/Did you manage)** to get tickets for the match yesterday?

– Yes, Dave had two **(2) (ones/Ø)** he couldn't use so I **(3) (bought/have bought)** them off him.

– He **(4) (must/has to)** be sorry he **(5) (lacked/missed)** the match.

– You're **(6) (so/such)** right, especially as it's not often you see a game of **(7) (so/such)** high quality.

– Well, it was certainly **(8) (exciting enough/enough exciting)**. In fact, I can't **(9) (remind myself/remember)** when I last bit **(10) (the/my)** nails **(11) (so/such)** much.

– Try telling that to my wife. She **(12) (preferred/prefered)** to eat out with some friends of **(13) (her/hers)** at a restaurant **(14) (which/what)** offers **(15) (the/Ø)** special prices for temporary football widows!

Answers on p. 283.

DIALOGUE 37

– **(1) (Have you heard/Did you hear)** what **(2) (happenned/happened)** to us yesterday?

– No, what?

– Well, it was Friday night, so we packed the kids in the car and went off to **(3) (do/make)** the shopping at the local hypermarket. We used to **(4) (go/going)** on Saturdays but there were always **(5) (so/such)** **(6) (much/ many)** people we thought it best to go on a **(7) (weekday/ week's day)**. Anyway, there we were, with the kids **(8) (taging/ tagging)** along, **(9) (congratulatting/congratulating)** ourselves on a reasonably quick shopping expedition, when we got back to the car and found we couldn't make it **(10) (Ø/to)** start.

– So what did you do?

– There wasn't **(11) (lot/much)** we could do. We phoned some neighbours of **(12) (ours/our)** and asked **(13) (them to/that they)** give us a tow to the **(14) (nearest/most near)** garage. I won't know what **(15) (is the matter/the matter is)** until they **(16) (open/will open)** on Monday morning.

Answers on p. 284.

DIALOGUE 38

– What happened to you the other night? I **(1) (waited/have waited)** for you for ages.

– I'm sorry but as I **(2) (came/was coming)** out, the phone **(3) (rang/was ringing)**. It was Judy. I had borrowed **(4) (her/his)** husband's car **(5) (for/ during)** a couple of hours, and when I gave **(6) (it back/back it)**, I forgot to **(7) (say/tell)** him I had scratched the paintwork. There were only **(8) (a few/few)** marks but apparently he was furious.

– I'm not surprised. You obviously don't realize how much touching **(9) (up the paintwork/the paintwork up)** can cost! Anyway, you **(10) (should/should have)** told him. It makes things far **(11) (worse/ worser)** if you don't **(12) (say/tell)** anything.

– Well, I've **(13) (offerred/offered)** to pay for it now.

Answers on p. 284.

DIALOGUE 39

– **(1) (Did you finish/Have you finished)** your exams now?

– No, I've still got two **(2) (Ø/ones)** left.

– Which are they?

– Oh, economics and information technology. **(3) (Ø/the)** Economics

is **(4) (Ø/the)** harder of the **(5) (both/two)**. I can never **(6) (remember/ remind me)** all those figures. Which **(7) (remembers/reminds)** me, I've got to **(8) (do/make)** some more revision before I **(9) (sit/'ll sit)** the exam tomorrow. I know I **(10) (shouldn't leave/shouldn't have left)** it to the last minute. I really thought I had **(11) (plenty of/much)** time but now **(12) (the/Ø)** time seems to have caught up with me.
– I think you ought to spend **(13) (the/Ø)** time before **(14) (tomorrow/ tomorrow's)** exam just relaxing. There's **(15) (any/no)** point in **(16) (getting/geting)** into a panic over it.

Answers on pp. 284-285.

DIALOGUE 40

– What shall we do tonight?
– Well, I don't know about you, but I'm going to sit up **(1) (for to/to)** hear the **(2) (election/election's)** results.
– Well, in that case I'll go to **(3) (the/Ø)** bed. I can't understand why **(4) (you are/are you)** **(5) (so/such)** interested. After all, you'll hear them tomorrow morning. I should have thought that was **(6) (enough early/early enough)**.
– Oh, it's not the same **(7) (than/as)** hearing them live. Besides I'm always half-asleep in the morning and can't concentrate on the news. **(8) (They go/It goes)** in one ear and out of the other. I **(9) (never manage/'m never managing)** to take in all the **(10) (informations/ information)** they **(11) (give/are giving)** us.

Answers on p. 285.

DIALOGUE 41

– Aren't you ready **(1) (still/yet)**? We'll **(2) (have to/must)** be leaving soon. The Browns **(3) (expect/are expecting)** us at 8 o'clock.
– I know, but I can't find **(4) (anything/nothing)** to wear.
– It's always the same. **(5) (Nobody/Anybody)** would think you had a wardrobe full of clothes you have hardly worn.
– That's not the point. It's **(6) (fitting/fiting)** the clothes to the occasion which is the most difficult thing. I don't want to **(7) (let down you/let you down)**. After all, we are going to have dinner with your boss and **(8) (his/her)** wife!
– I don't know why **(9) (you are/are you)** making **(10) (a such/such**

a) fuss! I mean, we **(11) (have all been/all went)** to **(12) (the/Ø)** school together, even if it was a long time ago.

Answers on pp. 285-286.

DIALOGUE 42

– How about going **(1) (swimming/swiming)**? I've got **(2) (an/a)** hour free before the meeting. So what do you think?

– Well, I don't know. I don't really know how to swim.

– I'll **(3) (learn/teach)** you if you like. You'll see, it's not **(4) (so/as)** difficult **(5) (as/than)** all that.

– There's another problem, you see, I **(6) (have put/put)** on a bit of weight **(7) (while/during)** the winter and I need to lose **(8) (a few/few)** pounds if I want to **(9) (get into my costume/get my costume into)** again.

– Don't look **(10) (such/so)** worried, you can hire one at the pool. In any case, everyone is the same. None of us look like Marilyn Monroe!

– Oh well, in that case I'll come.

Answers on p. 286.

DIALOGUE 43

– What **(1) (do you do/are you doing)**?

– I **(2) (pack/'m packing)**. What does it look like?

– **(3) (Are you really taking/Do you really take)** all **(4) (that luggage/those luggages)**? How long **(5) (do you go/are you going)** for?

– Not long. I **(6) ('ll must/'ve got to)** be back in a **(7) (week's/week)** time. I've got an appointment at the **(8) (dentist/dentist's.)**

– Well, why **(9) (do you take/are you taking)** **(10) (such/so)** many suitcases then? **(11) (Do you always)** take/Are you always taking) a lot of suitcases with you when you go on **(12) (a so/such a)** short **(13) (travel/journey)**? Don't you believe in **(14) (travelling/traveling)** light? You've got everything in there except the **(15) (kitchen sink/kitchen's sink)**!

– Well, you never can tell what you **(16) ('ll might/might)** need.

Answers on p. 286.

DIALOGUE 44

– (1) **(Did you see/Have you seen)** the storm last night?
– I certainly (2) **(did/have)**! I (3) **(had to rush/must have rushed)** home to close the windows but I (4) **(haven't got/didn't get)** back (5) **(quick enough/enough quick)**. So I spent the evening (6) **(moping/ mopping)** up.
– You (7) **(shouldn't/mustn't)** (8) **(let/leave)** your windows open anyway. Aren't you afraid of (9) **(Ø/the)** burglars?
– Yes, I know, but I was in (10) **(such a/a such)** hurry that I didn't stop (11) **(thinking/to think)**. I (12) **(never did/have never done)** it before. Still, I suppose there is a first time for (13) **(all/everything)**!
– Well, at least you've got something to be thankful for. It is (14) **(so/such)** warm today that everything will soon dry out.

Answers on pp. 286-287.

DIALOGUE 45

– You (1) **(like/are liking)** (2) **(the/Ø)** cricket, don't you? I've got two tickets for the Test Match between (3) **(the/Ø)** England and (3) **(the/Ø)** Australia.
– Well, to (4) **(tell/say)** you the truth I don't know (5) **(much/lot)** about it. My father used to (6) **(be/being)** a follower of Sussex and all (7) **(Ø/what)** I know is (8) **(which/what)** he (9) **(taught/learnt)** me.
– Well, don't worry. You don't need to be (10) **(Ø/an)** expert (11) **(for to/to)** enjoy the game. So what do you think?
– All right, I'll come, but on one condition.
– What's that?
– I want (12) **(that you/you to)** come with me to Wimbledon this year. You (13) **('re always finding/always find)** (14) **(Ø/some)** excuses (15) **(to/for)** get out of it, and I (16) **(must/have to)** go on my own every time.
– All right, you win! We'll go together to (17) **(both/the both)** events. Now does that (18) **(do/make)** you happy?

Answers on p. 287.

DIALOGUE 46

– (1) (**Have you ever found/Did you ever find**) a (2) (**four-leaves/four-leaf**) clover?

– No, why? Do you mean you (3) (**yet/still**) believe in lucky charms? I believe you (4) (**make/do**) your own luck.

– Yes, but there is (5) (**such a/a such**) thing as being in the right place at the right time. And (6) (**some/any**) people do seem accident-prone.

– Well, yes, but carrying a lucky charm won't prevent you (7) (**slipping/sliping**) on a (8) (**banana's skin/banana skin**).

– Perhaps not, but it (9) (**would might/might**) mean you don't twist (10) (**your/the**) ankle!

– (11) (**Someone/Anyone**) would think you were superstitious!

– And what about you? Why (12) (**have you avoided/did you avoid**) (13) (**to walk/walking**) under that ladder back there?

– Oh, that's different. That was just a sensible precaution!

Answers on pp. 287-288.

DIALOGUE 47

– Well, (1) (**have you decided/did you decide**) if you are going to move, or not?

– Oh yes, we (2) (**the two/both**) want to move. That's not the problem.

– Well, what is it then?

– Well, my wife wants (3) (**that we/us to**) buy a little place in the country, preferably a house, whereas I have always (4) (**preferred/prefered**) (5) (**Ø/the**) town-life and hate (6) (**live/living**) somewhere with wide open spaces. I would like (7) (**that we/us to**) rent a small flat requiring very (8) (**little/few**) upkeep in town. I wouldn't feel tied down then.

– Yes, but renting is a waste of money. It's not a question of tying yourself down. Look on it as (9) (**an/a**) useful investment for the future. After all, you can always sell up and find somewhere in town (10) (**later/latter**) on if things don't work out. I should give it a try.

Answers on p. 288.

DIALOGUE 48

– Is this the London train? It doesn't look like it somehow.

– No, this train **(1) (goes/is going)** to Bristol. The London train **(2) (goes/is going)** from platform 6.

– That's funny, I always used **(3) (to catching/to catch)** it from here. I'm sure it **(4) (yet/still)** went from this platform last week.

– Yes, you're right, but this week they **(5) ('ve changed/changed) (6) (all/everything)** round because they **(7) (are doing/are making)** some **(8) (works/work)** on the tracks.

– Well, they **(9) (ought/ought to)** warn us. I mean, when you are used to **(10) (catching/catch)** the same train every **(11) (days/day)**, you automatically go to the same platform without checking. Just think, I **(12) (would/could have)** finished up in Bristol! I'd have had a hard job explaining that to my boss!

Answers on pp. 288-289.

DIALOGUE 49

– **(1) (Did you hear/Have you heard)** from those American friends of **(2) (yours/your)** recently?

– Yes, I had a letter some time ago. There **(3) (weren't/wasn't) (4) (much/many)** news. They **(5) (tell/say)** they will **(6) (tell/say)** me **(7) (the whole/everything)** when they **(8) (see/will see)** me. They are flying to London next week, and then coming on to France. They intend to spend **(9) (few/a few)** days in Paris before **(10) (hirring/hiring)** a car and **(11) (driving/driveing)** around the rest of **(12) (the/Ø)** Europe.

– I imagine they will **(13) (expect you to/expect that you will)** take them sightseeing **(14) (while/during)** they are here. Don't be surprised if they ask to see **(15) (the/Ø)** things you never knew existed. In fact, acting as **(16) (a/Ø)** guide is one of the best ways of discovering your own home town, even if it does mean getting blisters on **(17) (the/your) (18) (feet/feets)**! My **(19) (advice/advices) (20) (are/is)** to get a good pair of walking shoes. You're going to need **(21) (it/them)**!

Answers on p. 289.

DIALOGUE 50

– How is your English now? **(1) (Better/More good)**?
– Hard to tell.
– Well, now you **(2) ('ve worked/worked)** right through the book, you've got no excuse. **(3) (Any more/No more)** basic grammar mistakes from now on. In fact, we would like to congratulate you on your perseverance in getting to the end of the book. And who knows, you never know your luck, there **(4) (might/'ll might)** one day be a second volume to test you just that bit more. But that's another story. For the moment, we **(5) ('re signing/sign)** off, and we wish you **(6) (the best/bestest)** of luck with your English in future.

Answers on p. 289.

ANNEXES

ANNEXE A

PRONONCIATION DES LETTRES DE L'ALPHABET

I. LE NOM DES VOYELLES

1. Les voyelles dont le nom commence par un son vocalique :

	se dit	comme dans	transcription phonétique
A	éï	pay way	eɪ
E	î	see sea	i:
I	aïe	I high	aɪ
O	ôou	oh no low	əʊ

Exemple : **This word begins with an "A".**

2. Les voyelles dont le nom commence par un son consonantique :

	se dit	transcription phonétique
U	you	ju:
Y	ouaïe	waɪ

Exemple : **This word begins with a "U".**

II. LE NOM DES CONSONNES

1. Les consonnes dont le nom commence par un son vocalique :

●	se dit	transcription phonétique
F	eff	ef
L	ell	el
M	emm	em
N	enn	en

S	ess	es
X	ex	eks
H	éïtch	eɪtʃ
R	ah	ɑ:

Exemple : **This word begins with an "M".**

2. Les consonnes dont le nom commence par un son consonantique :

● série en î (i:)	**se dit**	**transcription phonétique**
B	bî	bi:
C	sî	si:
D	dî	di:
<u>G</u>	<u>djî</u>	dʒi:
P	pî	pi:
T	tî	ti:
V	vî	vi:
Z	zî (US)	zi:

● autres consonnes	**se dit**	**transcription phonétique**
J	djéï	dʒeɪ
K	kéï	keɪ
Q	kju:	kju:
W	dœbl-you:	'dʌblju:
Z	zèd (GB)	zed

Exemple : **This word begins with a "B".**

Récapitulation

A	B	C	D	E	F	G	H	I
ay	bî	sî	dî	î	èff	djî	éïtch	aïe
eI	bi:	si.	di:	i:	cf	dʒi:	eɪtʃ	aɪ

J	K	L	M	N	O	P	Q	R
djéï	kéï	èll	èmm	ènn	ôou	pî	kioû	ah
dʒeɪ	keɪ	el	em	en	əʊ	pi:	kju:	ɑ:

S	T	U	V	W	X	Y	Z
èss	tî	you	vî	dœbl-you	ex	ouaïe	zèd/zî
es	ti:	ju:	vi:	'dʌblju:	eks	waɪ	zed/zi:

ANNEXE B

PRINCIPAUX VERBES IRRÉGULIERS

Infinitif (DO)	Prétérit (DID)	Participe passé (DONE)	*sens principal*
awake	awoke	awoke/awaked	*(s')éveiller*
bear	bore	borne (to be born: naître)	*supporter/ mettre au monde*
beat	beat	beaten	*battre*
become	became	become	*devenir*
begin	began	begun	*commencer*
bend	bent	bent	*plier, courber*
bet	bet (ou régulier : betted)	bet (ou régulier : betted)	*parier*
bind	bound	bound	*lier*
bite	bit	bitten	*mordre*
bleed	bled	bled	*saigner*
blow	blew	blown	*souffler*
break	broke	broken	*casser*
bring	brought	brought	*apporter*
build	built	built	*bâtir*
burn	burnt	burnt	*brûler*
buy	bought	bought	*acheter*
catch	caught	caught	*attraper*
choose	chose	chosen	*choisir*

Infinitif (DO)	Prétérit (DID)	Participe passé (DONE)	sens principal
come	came	come	venir
cost	cost	cost	coûter
creep	crept	crept	ramper
cut	cut	cut	couper
deal ("ea" = i long)	dealt ("ea" = e)	dealt ("ea" = e)	distribuer
dig	dug	dug	creuser
do	did	done	faire
draw	drew	drawn	tirer/dessiner
dream ("ea" = i long)	dreamt ("ea" = e)*	dreamt ("ea" = e)*	rêver
drink	drank	drunk	boire
drive	drove	driven	conduire
eat	ate	eaten	manger
fall	fell	fallen	tomber
feed	fed	fed	nourrir
feel	felt	felt	sentir
fight	fought	fought	combattre
find	found	found	trouver
fly	flew	flown	voler, prendre l'avion
forbid	forbade	forbidden	interdire
forget	forgot	forgotten	oublier
forgive	forgave	forgiven	pardonner
freeze	froze	frozen	geler
get	got	got (US : gotten)	obtenir/devenir
give	gave	given	donner
go	went	gone	aller
grow	grew	grown	(faire) pousser
hang	hung (s'il s'agit de la pendaison : hanged)	hung (s'il s'agit de la pendaison : hanged)	pendre
have	had	had	avoir
hear	heard	heard	entendre
hide	hid	hidden	(se) cacher

Infinitif (DO)	Prétérit (DID)	Participe passé (DONE)	*sens principal*
hit	hit	hit	*frapper*
hold	held	held	*tenir*
hurt	hurt	hurt	*faire mal/ blesser/vexer*
keep	kept	kept	*garder*
know	knew	known	*savoir, connaître*
lay	laid	laid	*poser à plat*
lead	led	led	*mener*
lean ("ea" = i long)	leant ("ea" = e)*	leant ("ea" = e)*	*(se) pencher*
learn	learnt*	learnt*	*apprendre*
leave	left	left	*laisser, quitter*
lend	lent	lent	*prêter*
let	let	let	*laisser (faire)*
lie	lay	lain	*être allongé*
lose	lost	lost	*perdre*
make	made	made	*faire*
mean ("ea" = i long)	meant ("ea" = e)	meant ("ea" = e)	*signifier, avoir l'intention*
meet	met	met	*rencontrer*
mow	mowed	mown	*faucher/tondre*
pay	paid	paid	*payer*
put	put	put	*mettre*
read ("ea" = i long)	read ("ea" = e)	read ("ea" = e)	*lire*
ride	rode	ridden	*aller à cheval /vélo, etc.*
ring	rang	rung	*sonner, téléphoner*
rise	rose	risen	*s'élever*
run	ran	run	*courir*
saw	sawed	sawn	*scier*
say	said	said	*dire*
see	saw	seen	*voir*
sell	sold	sold	*vendre*
send	sent	sent	*envoyer*

Infinitif (DO)	Prétérit (DID)	Participe passé (DONE)	*sens principal*
set	set	set	*poser, établir*
sew	sewed	sewn	*coudre*
shake	shook	shaken	*secouer*
shine	shone	shone	*briller*
shoot	shot	shot	*tirer*
show	showed	shown	*montrer*
shrink	shrank	shrunk	*rétrécir*
shut	shut	shut	*fermer*
sing	sang	sung	*chanter*
sink	sank	sunk	*sombrer, couler*
sit	sat	sat	*être assis*
sleep	slept	slept	*dormir*
slide	slid	slid	*glisser*
slink	slunk	slunk	*aller furtivement*
smell	smelt*	smelt*	*sentir (odorat)*
sow	sowed	sown	*semer*
speak	spoke	spoken	*parler*
spell	spelt*	spelt*	*épeler*
spend	spent	spent	*dépenser*
spit	spat	spat	*cracher*
split	split	split	*fendre*
spoil	spoilt*	spoilt*	*gâcher, gâter*
spread ("ea" = e)	spread ("ea" = e)	spread ("ea" = e)	*étendre*
spring	sprang	sprung	*bondir*
stand	stood	stood	*être debout*
steal	stole	stolen	*voler, dérober*
stick	stuck	stuck	*coller*
stink	stank	stunk	*puer*
stride	strode	stridden	*aller à grands pas*
strike	struck	struck	*frapper/faire grève*
swear	swore	sworn	*jurer*
sweep	swept	swept	*balayer, couvrir*
swell	swelled	swollen	*enfler*

Infinitif (DO)	Prétérit (DID)	Participe passé (DONE)	*sens principal*
swim	swam	swum	*nager*
swing	swung	swung	*balancer*
take	took	taken	*prendre*
teach	taught	taught	*enseigner*
tear	tore	torn	*déchirer*
tell	told	told	*dire, raconter*
think	thought	thought	*penser*
throw	threw	thrown	*lancer*
understand	understood	understood	*comprendre*
upset	upset	upset	*renverser*
wake	woke	woke	*(s') éveiller*
wear	wore	worn	*porter, user*
win	won	won	*gagner*
wind	wound	wound	*enrouler*
withdraw	withdrew	withdrawn	*(se) retirer*
wring	wrung	wrung	*tordre*
write	wrote	written	*écrire*

* Il existe aussi une forme régulière, mais elle se prononce le plus souvent comme la forme irrégulière indiquée ici.

ANNEXE C

TRADUCTION DES INDICATIONS ET INSTRUCTIONS UTILISÉES DANS LE LIVRE

Add 'a' or 'an', or Ø if no article is necessary / *Ajoutez* a *ou* an, *ou* Ø *s'il ne faut pas d'article.*

Add 'the' where necessary / *Ajoutez* the *quand cela est nécessaire.*

Answers on p. 000 / *Réponses p. 000.*

Choose the correct form of the verb / *Choisissez la bonne forme verbale.*

Choose the right answer / *Choisissez la bonne réponse.*

Choose the right spelling / *Choisissez la bonne orthographe.*

Choose the right translation / *Choisissez la bonne traduction.*

Complete the second sentence so that it has the same meaning as the first / *Complétez la seconde phrase de façon qu'elle ait le même sens que la première.*

Complete the translation / *Complétez la traduction.*

Complete the translation. Put the verbs in brackets into the appropriate form / *Complétez la traduction. Mettre les verbes entre parenthèses à la forme appropriée.*

Don't say... Say... / *Ne dites pas... Dites...*

Exercise(s) / *Exercice(s).*

Fill in the blanks (where necessary) / *Remplissez les blancs (si nécessaire).*

Fill the blanks with the appropriate form of 'do' or 'make' and translate into French / *Complétez les blancs avec la forme appropriée* do *ou* make *et traduisez en anglais.*

Fill in the blanks with the correct form of 'do' or 'make' / *Remplissez les blancs avec la forme de* do *ou* make *qui convient.*

Fill the blanks with one of the particles given in the "Remember" section / *Complétez la traduction avec une des particules proposées dans la rubrique « Remember ».*

Give the most likely translation / *Donnez la traduction la plus fréquente.*

Go straight to the exercise or... / *Passez directement à l'exercice/aux exercices sinon...*

How many did you get wrong? None? / *Combien de fautes ? Aucune ?*

In some cases, more than one solution is possible / *Dans certains cas plus d'une solution est possible.*

Is *dont* translated by 'whose'? / *Est-ce que 'dont' se traduit* whose *?*

Now check your answers / *Et maintenant vérifiez vos réponses.*

Put into indirect speech and translate into French / *Mettez au discours indirect et traduisez en français.*

Put the verbs in brackets into the appropriate form and translate the sentences into French / *Mettre les verbes entre parenthèses à la forme appropriée et traduire la phrase en français.*

Remember / *Rappelez-vous.*

Test / *Test.*

That's all, folks / *C'est tout, m'sieurs dames.*

Translate into English / *Traduisez en anglais.*

Translate into French using *depuis, il y a, ça fait*, etc. In some cases several translations are possible / *Traduisez en français en utilisant... Plusieurs traductions sont parfois possibles.*

Translate the sentences in the test / *Traduisez les phrases du texte.*

Translate using the vocabulary provided / *Traduire à l'aide du vocabulaire proposé.*

Which is the right translation? Be careful: sometimes both are right / *Quelle est la bonne traduction ? Attention : parfois les deux sont bonnes.*

Which of these five words must be used in the translation of the following sentences? / *Lequel des cinq mots proposés sera utilisé dans la traduction des phrases suivantes ?*

Which translations are possible? / *Quelles traductions sont possibles ?*

ANSWERS

ANSWERS
TO TESTS

1.	1 b	2 b	3 a	4 b	5 b	6 a	7 a	8 b		
2.	1 a	2 c	3 a	4 a	5 a	6 b	7 b			
3.	1 b	2 a	3 c	4 a	5 b					
4.	1 a	2 b	3 a	4 a	5 b	6 b	7 b	8 a		
5.	1 a	2 b	3 b	4 a	5 a	6 b	7 a	8 b	9 b	10 a
6.	1 b	2 a	3 c	(a : moins bien)		4 b	5 a			
7.	1 b	2 a	3 a	4 c	5 c	6 a	7 a	8 b	9 a	10 c
8.	1 b	2 c	3 a	4 b	5 b	6 b	7 b	8 c	9 b	10 a
9.	1 a	2 b	3 a	4 a	5 a					
10.	1 a	2 b	3 c	4 b	5 a/b	6 c	7 b	8 a		
11.	1 b	2 a	3 a	4 b	5 b	6 a	7 a	8 c	9 a	
12.	1 b	2 b	3 a	4 b	5 c	6 a	7 d	8 b	9 b	10 b
13.	1 a	2 b	3 b	4 c	5 a	6 b	7 d			
14.	1 b	2 a	3 b	4 d	5 c	6 d	7 b			
15.	1 a	2 c	3 b	4 b	5 a	6 b	7 b	8 c	9 a	10 b
16.	1 b	2 a/c	3 b/c	4 c	5 a/b	6 c	7 b	8 b	9 c	10 c
17.	1 Ø	2 Ø	3 Ø	4 the	5 Ø	6 Ø	7 Ø	8 The	9 the	10 the, the
18.	1 a	2 a	3 an	4 a	5 a	6 half a bottle		7 a	8 a	9 a
	10 a good piece of									
19.	1 a	2 d	3 a	4 a	5 c	6 b/c	7 a			
20.	1 b	2 a	3 b	4 c	5 a					
21.	1 c	2 a	3 b	4 a	5 c	6 b				
22.	1 c	2 a	3 b	4 c						

23.	1 are my trousers	2 three pairs of	3 splendid
	4 a new job	5 a wonderful trip/journey	6 Travel is
24.	1 piece of furniture	2 information	3 is, it
	4 piece of news	5 is	

25.	1 b	2 a	3 c	4 a	5 c/d	6 a/d	7 d
26.	1 b	2 b/c	3 a	4 a	5 a		
27.	1 c	2 b	3 b	4 a	5 b		

28.   1 a   2 a   3 b   4 b   5 c

29.   1 b   2 a   3 a   4 a   5 b

30.   1 b   2 d   3 c   4 d   5 b   6 a   7 c   8 a   9 a   10 c

31.   1 a   2 c   3 c   4 b   5 b   6 a   7 c

32.   1 c   2 b   3 a   4 b/c 5 c   6 a   7 c   8 c   9 a   10 b

33.   1 a   2 b   3 c   4 b   5 a   6 c

34.   1 a   2 b   3 b   4 a   5 b   6 a   7 a   8 b   9 a

35.   1 b   2 a   3 b   4 b   5 c   6 b   7 b   8 c   9 a   10 a

36.   1 b   2 b   3 b   4 a   5 c   6 d

37.   1 d   2 a   3 c   4 b   5 d

38.   1 a/c 2 b/d 3 b/c 4 a/d 5 a   6 b   7 a   8 b   9 b/d 10 b

39.   1 a/b 2 b/c   3 a/c/d   4 a/b/d

40.   1 b/c 2 a/c/d   3 b/c/d   4 a/b/d

41.   oui : 1, 3, 6 – non : 2, 4, 5, 7, 8

42.   1 a/c 2 b   3 b   4 a/c 5 a/c

43.   1 b   2 b   3 a   4 a   5 a   6 b/c

44.   1 a   2 a   3 b   4 c   5 a

45.   1 b/c 2 a   3 a/c 4 a/b 5 b   6 a

46.   1 b   2 b   3 a   4 a   5 b   6 a   7 a   8 c

47.   1 a   2 a   3 d   4 b   5 b

48.   1 b   2 a   3 b   4 b   5 b/c

49.   1 a/b 2 a   3 a   4 b   5 a   6 a   7 b   8 a

50.   1. never touched alcohol when he was driving.

   2. wouldn't layoff...

   3. was sure he had met...

   4. if he could have her phone number.

   5. he would give her a lift if he could.

   6. her to go to bed.

   7. if she was coming to the party.

   8. us he had nearly finished.

51.   1 b   2 b   3 a   4 b   5 c   6 a   7 b   8 b

52.   1 b   2 a   3 c   4 a   5 c

53.   1 a/c 2 c   3 b   4 a

   5 c (s'il s'agit d'un stylo)/

   d (s'il s'agit d'une table ou de papier)   6 d   7 a

54.   1 b   2 a   3 a   4 a   5 b   6 a   7 b

55.   1 b   2 a   3 c   4 a   5 b   6 b   7 c   8 c/a

56.   1. will do   2 make   3 doing   4 did   5 making

57.   1 a   2 b   3 b   4 c   5 a   6 c   7 a   8 a   9 c   10 d

58.   1 a   2 a   3 an   4 an   5 a

59.   1 b   2 b   3 b   4 a   5 a/b (très rare)

60.   1 b   2 b   3 a   4 a   5 a (US)/b (GB)

ANSWERS
TO EXERCISES

1

A. **1.** Have you seen – haven't had – **2.** made *(Fellini ne tournera plus, hélas!)* – **3.** has just left (US: just left) – **4.** forgot – **5.** has been – **6.** came – **7.** came – **8.** turned – **9.** has been – **10.** have started

B. **1.** I can't tell you the time: my watch has stopped. – **2.** Sorry I'm late; my watch stopped and I didn't realise it. – **3.** The concert has begun, sir, you can't go in. – **4.** What happened next? – Well, the concert began. – **5.** I think Peter has changed a lot. – **6.** After the meal my uncle fell asleep. – **7.** I think she has finally fallen asleep. – **8.** We didn't have the time to see everyone during the Christmas holidays. – **9.** Oh no! Somebody's locked the door. – **10.** Mary married very young. Her daughter Hannah was born in 1991. She asked for a divorce in 1992.

2

A. **1.** will you know – **2.** I'll ring – **3.** will have moved – **4.** I'll tell – **5.** will have been going on – **6.** will be flying

B. **1.** Are you getting off at the next stop? – **2.** I'll ring the travel agency this afternoon. – **3.** By tomorrow you will have seen at least ten new films. – **4.** At 10 o'clock I'll be standing under the clock – you can't miss me. – **5.** You can trust me–I won't tell anyone. – **6.** Don't phone them now–they'll be having lunch.

3

A. **1.** Quand j'aurai gagné assez d'argent, j'achèterai une maison. – **2.** Bien entendu, je ferai une pendaison de crémaillère lorsque j'aurai emménagé. – **3.** Une fois que j'aurai une adresse en Angleterre, je te l'enverrai. – **4.** Tu devras me rembourser dès que ta paie arrivera. – **5.** Et les gosses ? Qu'est-ce qu'ils vont faire pendant qu'on visitera le musée ?

B. 1. I'll give you a ring as soon as I arrive. – **2.** When Steve finally makes up his mind, it will be too late. – **3.** When I've finished my coffee, I'll take the dog for a walk. – **4.** I don't know when that will be. – **5.** Alan didn't tell me when he would be arriving.

4

A. 1. was setting, rang – **2.** didn't understand, meant – **3.** always came, was – **4.** were always fighting – **5.** was now taking – **6.** could feel

B. 1. We had fish every Friday. – **2.** When I arrived, the children were eating their fish. – **3.** His wife rang him up at the office every morning. – **4.** I could hear what was going on from my bedroom. – **5.** When I started with the company, the boss always gave us a bonus at Christmas. – **6.** Chris chose his girlfriends badly.

5

A. 1. I'm learning – **2.** are you wearing – **3.** 're going – **4.** plays – **5.** are having – **6.** have – **7.** happens – **8.** is giving – **9.** 's happening – **10.** 're sitting, is standing

B. 1. What do you do on Sundays? – **2.** The boss is leaving for New York next week. – **3.** That phone's always ringing. – **4.** John doesn't often go to the cinema. – **5.** Look! He's running away! – **6.** Your dressing gown is hanging behind the door. – **7.** Gentlemen prefer blondes and marry brunettes. – **8.** My colleagues are having a drink at the local pub. – **9.** – Don't do that! – Are you giving me orders? – **10.** What do you serve after dinner? *(d'habitude)*. What are you serving after dinner? *(ce soir)*.

6

A. 1. Vous ne sentez pas un courant d'air ? – **2.** Ce sont des choses qui arrivent. – **3.** Je sens une odeur de brûlé. – **4.** Il boit un peu trop, c'est sûr. – 5. Je ne vous entends pas. Je vous rappelle dans un instant.

B. 1. That Marilyn does like men. – 2. The old woman next door can hear better than you think. – 3. He will keep changing his mind. – 4. Jeremy does make a fuss about nothing. – 5. I can't see my suitcase.

7

1. Henri a changé de boulot il y a trois ans.
ou Ça fait/Il y a/Voilà trois ans qu'Henri a changé de boulot.
2. Deborah cherche un emploi depuis six mois.
ou Ça fait/Il y a/Voilà six mois que Deborah cherche un emploi.
3. Je lui ai téléphoné il y a une heure.
ou Ça fait/Il y a/Voilà une heure que je lui ai téléphoné.
4. Ça fait/Il y a combien de temps que vous avez reçu cette lettre ?
5. Ils ne se parlent pas/ne se sont pas parlé depuis des mois.
ou Ça fait/Il y a/Voilà des mois qu'ils ne se parlent pas/ne se sont pas parlé.
6. Depuis combien de temps Paul connaît-il sa femme ?
ou Ça fait/Il y a combien de temps que Paul connaît sa femme ?
7. Jonathan fait des cauchemars depuis une semaine.
ou Ça fait/Il y a/Voilà une semaine que Jonathan fait des cauchemars.
8. Depuis que j'ai appris la nouvelle, je ne peux plus dormir.
9. Laura est allée s'installer à New York il y a cinq ans.
ou Ça fait/Il y a/Voilà cinq ans que Laura est allée s'installer à New York.
10. Laura habite à New York depuis cinq ans.
ou Ça fait/Il y a/Voilà cinq ans que Laura habite à New York.

8

A. 1. two days ago – 2. for two days – 3. since you left – 4. three years ago – 5. How long – 6. for a long time – 7. Ever since – 8. a fortnight ago (US: two weeks ago) – 9. for a fortnight (US: for two weeks). – 10. How long is it since *ou* How long ago

B. **1.** Paul has been smoking for ten years. – **2.** Paul wrote to her/him two months ago. – **3.** Paul hasn't eaten anything for two days. – **4.** Paul has been working here for three months. – **5.** Paul has been working here for three months. – **6.** Paul arrived here two years ago. – **7.** Paul has known his wife for five years. – **8.** Paul stopped smoking ten years ago. – **9.** Paul has been married for four years. – **10.** Paul got married four years ago.

C. **1.** The police have been looking for him for three months. – **2.** I haven't touched a drop of alcohol for five weeks. – **3.** Helen has been playing the piano for ten years. – **4.** They had been travelling around for six months. – **5.** Ever since the accident, Nigel had been smoking two packets a day. – **6.** Helen has been playing the piano for ten years. – **7.** It's been hell ever since they began working together. – **8.** How long have you been seeing her? – **9.** How long is it since you saw her? – **10.** Have you known each other long?

9

A. **1. go.** Je me souviens de l'époque où on sortait ensemble. – **2. being.** Le problème, c'est que nous avions trop pris l'habitude d'être ensemble. – **3. know.** Je savais ce que tu allais dire avant même que tu le dises. – **4. being.** Je n'ai pas l'habitude qu'on me dise ce qu'il faut faire. – **5. using.** Vous devriez être habitué à vous servir d'un ordinateur à présent.

B. **1.** I found it hard to get used to driving on the left. – **2.** Did you use to go to school by bus? – **3.** No, we used to take the train. – **4.** It's no use blaming me for that! – **5.** What's the use of trying to talk to him?

10

A. **1.** wasn't, would buy. – **2.** would have. – **3.** could. – **4.** would have been painting, could have got. – **5.** is said to have.

B. **1.** If Alison had known, she would never have gone ski-ing! – **2.** I'd like to arrive about nine o'clock. – **3.** It could have been anyone, really. – **4.** If you had insisted, I would have sent it to you by air. – **5.** I thought she'd have given Paul a ring.

11

A. **1.** didn't have to find – **2.** will have to come – **3.** mustn't know, must remain – **4.** will have to introduce – **5.** must enclose

B. **1.** Do you have to make all that noise? – **2.** You mustn't say things like that–it's dangerous. – **3.** It's getting late. I really must go. – **4.** You'll have to have a bank account if you earn a salary. – **5.** You needn't worry about that. – **6.** In that case, I needn't have got up so early.

12

A. **1.** Should – **2.** to – **3.** should be working – **4.** ought – **5.** have taken – **6.** Ø

B. **1.** Mark really ought to stop smoking. – **2.** I ought to have caught/I should have caught the earlier train but I was held up. – **3.** You shouldn't have tried to take over your father's business. – **4.** You ought to have come with us. It was a great party. – **5.** I think you should give/ought to give your secretary the benefit of the doubt. – **6.** Should I have refused?

13

A. **1.** may be – **2.** must be joking – **3.** may have – **4.** might always change – **5.** could try – **6.** can't order – **7.** can't be ordering

B. **1.** Derek must be in a meeting–he's not in his office. – **2.** That's what she says, but she may very well be lying. – **3.** He can't be going out with his secretary! – **4.** There's no answer. He must be watching the telly. – **5.** You always look tired. You must watch too much television. – **6.** To think that I could be playing cards with my friends! – **7.** If it's Sunday, he must be having lunch with his sister. – **8.** That can't be a problem for someone of your experience.

14

A. **1.** must have thought – **2.** may have put – **3.** could have stayed – **4.** must have been planning – **5.** can't have changed – **6.** may have been going – **7.** may have been saving up – **8.** must have been saving up – **9.** can't have been typing – **10.** must have met

B. **1.** Larry can't have been to work today–the trains are on strike.
– **2.** He might have gone by bike, you know. – **3.** Jane could'nt
have carried her luggage alone. – **4.** That guy must have been
looking for trouble. – **5.** There is nothing in his diary, so he must
have gone home. – **6.** Your client can't have been pleased. He
sent everything back on the very same day. – **7.** It must have
been difficult to decide who to take on. – **8.** The order can't have
met the deadline. – **9.** In those days, it must have been a long
journey. – **10.** It must have been a long journey for you.

15

A. **1.** Can you – **2.** will be able to – **3.** was able to – **4.** will be able to
– **5.** could, could – **6.** Could you

B. **1.** Can you drive trains? – **2.** I could speak Russian when I was
eight. – **3.** When I was eighteen, I could sleep three hours a night
and still be on form. – **4.** Sue couldn't believe her eyes. – **5.** Can
you hear anything? – **6.** I was able to sort out the problem.
– **7.** Jane won't be able to carry her luggage alone. – **8.** It's a pity
you can't print your own money. – **9.** This room can't be used for
meetings unless it has been booked in advance. – **10.** I can't see
anything.

16

A. **1.** are not allowed to smoke. – **2.** may find – **3.** may/might arrive
– **4.** could offer – **5.** might be allowed to go home

B. **1.** Things may get better once the business starts to expand.
– **2.** Drivers may be allowed to park just anywhere during the
strike. – **3.** One day you and I might be able to go to the Moon.
– **4.** May I have a look? – **5.** There may have been a misunders-
tanding.

17

A. (Le symbole Ø signifie qu'il ne faut rien insérer.) **1. Ø, Ø.** Le
professeur Smith déclara que la physique avait toujours été sa
matière préférée. – **2. Ø.** Ne commençons pas à discuter du sens
de la vie maintenant. – **3. the, the.** Plus on boit, plus on a envie
de boire. – **4. Ø, Ø.** La poésie est plus difficile à vendre que la

fiction. – **5. Ø.** Les gens qui conduisent après avoir bu s'exposent maintenant à des peines plus sévères. – **6. the.** Oui, mais les gens que vous avez rencontrés hier soir s'en tireront toujours. – **7. Ø, Ø.** Quand avez-vous quitté l'école et commencé le travail/à travailler ? – **8. Ø.** Je vous verrai après (le) déjeuner, d'accord ? – **9. the, the.** Le chat est l'ennemi le plus cruel de la souris. – **10. Ø.** Ces bips sont destinés à aider les aveugles. – **11. Ø, Ø.** Le fer est plus lourd que l'aluminium. – **12. Ø.** Je te le dirai la prochaine fois.

B. **1.** Do you like music? – **2.** Andrew plays the piano. – **3.** What happened to Uncle Albert? – **4.** Germany was reunited in 1990. – **5.** How can I get to Buckingham Palace? – **6.** I've been to the United States three times. – **7.** Do you play poker? – **8.** Dr Boyle is retiring next month. – **9.** Are you doing anything on New Year's Eve? – **10.** I went to a concert with him, but I didn't like the music. – **11.** Man is a strange animal. – **12.** Have you seen Chris's new girlfriend?

18

A. **1. a.** Le suspect a pu passer en Suisse sans passeport. – **2. an, Ø.** Lisa a mis une annonce dans le journal pour un logement. – **3. a, a.** Nous avons réunion une fois par semaine. – **4. a.** En règle générale, nous n'autorisons pas les gens à fumer ici. – **5. Ø.** Après tout ce temps, Norman cherche toujours du/un travail. – **6. a.** Le jardin d'Henri était une œuvre d'art.

B. **1.** Half a dozen photocopies will be enough. – **2.** The locals speak rather strange French. – **3.** He's very nice as a friend, and unbearable as a teacher. – **4.** Cromwell had a round head. – **5.** I wouldn't want it for a garage. – **6.** It was such a lovely garden!

19

A. **1. a.** Il faudra être plus poli que ça si tu veux de l'avancement. – **2. b.** Pourquoi tout le monde a-t-il toujours plus de chance que moi ? – **3. a.** Vous voulez bien répéter plus lentement ? – **4. a.** Avec la grève des trains, tu devras partir plus tôt de la maison demain. – **5. c.** Il faudra travailler plus dur si vous voulez gagner votre commission. – **6. b (a).** Si nous allons plus loin, nous serons poursuivis pour violation de domicile. – **7. b.** Connaissez-vous mon frère aîné ? – **8. a.** Je trouve Angela encore plus fascinante que sa sœur. – **9. b.** Il y a des gens qui pensent que l'allemand est plus difficile que l'anglais. – **10. a.** Plus c'est court, mieux ça vaut.

B. **1.** You know this road as well as I do. – **2.** If you want to impress the boss, try arriving on time oftener/more often. – **3.** The company was expecting to win a much more valuable contract. – **4.** The more you use your modem, the higher your phone bill is. – **5.** The new version is almost the same as the previous one. – **6.** I was wondering if you'd had any further ideas about that project? – **7.** It's a good job he's not as old as he looks! – **8.** This material is three times as light as aluminium (US: aluminum). – **9.** The novel is twice as interesting as the film. – **10.** It's the same, only it's ten times as boring as the original.

20

A. **1. a.** Où as-tu mis l'écuelle du chien ? – **2. a.** Tu as vu le nouveau short de Tom ? Il est vraiment génial ! – **3. c.** Il faudra que je demande la permission de mes parents. – **4. b.** L'entretien d'une voiture est le poste le plus coûteux d'un budget familial. – **5. b.** C'était l'entraîneur de l'athlète qui avait eu un test de dépistage positif. – **6. c.** Frank est un ami de Marc.

B. **1.** People's reactions are not always what you expect. – **2.** Clive's trip to America was a great success. – **3.** The performance of the last-but-one team in the table was appalling. – **4.** The handle of my suitcase has just broken. – **5.** Doctors' handwriting is often difficult to read.

21

A. **1. a.** C'est ici qu'ils vont installer le nouveau laboratoire de pointe de l'école. – **2. b.** C'est mon verre, ça. Celui de Pierre est sur le piano. – **3. a.** Le chianti est le vin d'Italie le plus connu. – **4. a.** Est-ce que tu as vu ce fichu disque de Dave ? J'ai promis de le lui rendre. – **5. c.** Avez-vous bien dormi (eu une bonne nuit de sommeil) ?

B. **1.** Let's all go to Jenny's. – **2.** Tonight's film is "High Noon".
– **3.** Someone will have to go to the butcher's. – **4.** Tomorrow's
flights have all been cancelled because of the strike. – **5.** William
had a fortnight's holiday (US: had two weeks' holiday) last
month.

22

1. of ours – **2.** hers – **3.** mine – **4.** of his *ou* of hers – **5.** of yours
– **6.** of ours – **7.** of theirs – **8.** all yours – **9.** theirs – **10.** yours

23

1. shorts, them – **2.** transport, it – **3.** trousers, them – **4.** accommodation (US: accommodations) – **5.** a job (*familier* : a job of work)
– **6.** Ø – **7.** pair of tights – **8.** Good health

24

1. this fruit does–it is – **2.** The rubbish/garbage is – **3.** piece of
– **4.** advice – **5.** has been/was, Ø – **6.** piece of – **7.** luggage/bag-
gage has–it – **8.** Spinach is, it – **9.** knowledge, is – **10.** Much/A
lot, that information

25

A. **1. b.** Le bateau a perdu un de ses moteurs. – **2. a.** Le voyageur ne
trouvait pas sa valise. – **3. b.** Une jeune femme se plaignait
d'avoir perdu son passeport. – **4. b (c).** L'Angleterre finit par
renoncer à son empire. – **5. c.** La compagnie ne désire pas
revendre ses immeubles.

B. **1.** Our society doesn't do much for its elderly. – **2.** Pamela hadn't
seen her husband for five years. – **3.** Lucy asked George to carry
her luggage for her. – **4.** She went to see an osteopath because
her back was giving her trouble. – **5.** His train was due to leave
in 10 minutes and he still didn't have a taxi.

26

A. **1. b.** Ce fut la plus mauvaise idée de toute sa vie d'épouser Gilbert. – **2. b.** Le moins que tu puisses faire est de répondre à sa

lettre de candidature. – **3. a.** Que le meilleur gagne ! – **4. b.** Elle était l'aînée de dix enfants. – **5. a.** C'est le cadet de mes soucis.

B. 1. He always buys the cheapest butter. – **2.** Pat is the most irritating person I've ever met. – **3.** It/That would be the best solution. – **4.** I don't think I'd want to be the richest man in the world. – **5.** His tone is most unpleasant.

27

A. 1. a ten-pound – **2.** a four-pound bag – **3.** twelve hour – **4.** three pounds' worth of – **5.** yesterday's paper

B. 1. The station is ten minutes' walk from here. – **2.** Charles needed a two-meter bed. – **3.** Every English schoolboy used to have a twelve-inch ruler. – **4.** I've booked a month's holiday for this summer. – **5.** I only got three hours' sleep last night.

28

1. Benjamin wasn't big enough to go to school yet. – **2.** Lara wondered if she would have enough money to pay for her holiday. – **3.** You don't read enough. – **4.** I've had enough of that kind of talk. – **5.** And that's where things became rather complicated. – **6.** There weren't enough tickets for everybody. – **7.** Do you think Phil is really qualified enough for this type of work? – **8.** Not driving fast enough can also be dangerous. – **9.** Don't you think you have had enough to drink? – **10.** It was quite a pleasant stay, wasn't it?

29

1. After the holidays, Henry didn't have much money left. – **2.** Do you smoke a lot? *ou* Do you smoke much? – **3.** You haven't drunk much. Aren't you thirsty? – **4.** Did you find the city had changed much? – **5.** Frank never took many chances. – **6.** The English do a lot of shopping in France. – **7.** It has rained a lot less this year than last year. – **8.** The Atlanta Olympics met with a lot of problems. – **9.** I never take much luggage. – **10.** Did the doctor ask you many questions?

30

A. **1.** have some – **2.** 've got three – **3.** 've got two – **4.** two small ones – **5.** of it

B. **1.** I would have liked a little ham, but there isn't any. – **2.** – How many have you got? – I've got half a dozen. – **3.** – Have you got a printer? – I've got an old one that doesn't work very well. – **4.** These apples are all rotten. I won't eat any. – **5.** There's one too many.

31

A. **1.** as many tourists as – **2.** as much wine as – **3.** far fewer – **4.** as little noise as possible *ou* as you can. – **5.** more

B. **1.** I've had more than enough. – **2.** There's not as much pollution now as a few years ago. *ou* There's less pollution now than a few years ago. – **3.** There's as much friction as ever. – **4.** It'll take less time than you think. – **5.** Try and find as many witnesses as possible *ou* as you can.

32

A. **1.** so many – **2.** so far – **3.** so much – **4.** so many more – **5.** so – **6.** such – **7.** so much more

B. **1.** I feel so much better than yesterday! – **2.** That leaves us so little time that I'm not sure we can do it. – **3.** They had so many complaints that the product was withdrawn. – **4.** It was so nice that we had a picnic in the park. – **5.** Where did you find so much money? – **6.** We've never had so few applicants. – **7.** Sid had had so much to drink that he didn't even know his own name. – **8.** He talks so much that you can't understand what he's saying.

33

A. **1.** any – **2.** some – **3.** any – **4.** no – **5.** some – **6.** any

B. **1.** There is no solution in sight. – **2.** If any letters come for me, here's my new address. – **3.** The Japanese don't drink milk. – **4.** I don't like any kind of cheese. – **5.** No news is good news.

34

A. **1.** all the – **2.** the whole – **3.** them all/all of them – **4.** all the – **5.** all are – **6.** every other month (every two months)

B. **1.** All the spectators had tears in their eyes. – **2.** The firemen managed to save all the customers. – **3.** You can't see everything in so little time. – **4.** Jenny washes her hair every day. – **5.** Some people think they know everything. – **6.** That's all I have to say.

35

1. This time Cathy has gone too far. – **2.** Some say there's too much violence on television. – **3.** His/her story was too stupid. – **4.** Her dress is much too small. – **5.** Marriages between colleagues make for too many difficulties. – **6.** – How many children have you got? – Too many for my taste. – **7.** It's too big a problem. – **8.** Shall we go to the beach? It's much too hot to do any work. – **9.** It's too heavy a responsibility for one man. – **10.** Don't give them too much information. – **11.** It happened much too quickly. – **12.** Is that asking too much?

36

A. **1.** both your – **2.** he nor I – **3.** both, neither – **4.** either – **5.** two – **6.** both of

B. **1.** Unfortunately, there's only one seat left. I can't take both of you. – **2.** We both know it's a lie. – **3.** – Which of these two ties would you buy? – Take both of them. – **4.** John Smith was both respected and admired. – **5.** I never saw either of the two suspects.

37

A. **1. a little.** – Voulez-vous encore du whisky? – Un tout petit peu, alors. – **2. a few.** Nous avons quelques minutes avant le départ du train. – **3. a little.** Je crois que vous devriez réfléchir un peu avant de parler. – **4. little.** Le livre s'intitule « La cuisine pour ceux qui font très peu de cuisine ». – **5. few.** Il restait peu de sièges au concert. Ceux qui sont entrés ont eu de la chance. – **6. little.** Il ne restait pas grand-chose à faire. Les bagages étaient bouclés.

– **7. few.** À ta place, j'enverrais le moins de cartes postales possible. – **8. a little.** Cathy n'était pas peu fâchée.

B. **1.** Don't ask me what it's about. I've only read a few pages. – **2.** A little relaxation will do you good. – **3.** After all the speeches there was only little time left for the questions. – **4.** It would do her/him good to lose a little weight. – **5.** Few of them got the message. – **6.** George is a little taller than his brother. – **7.** I need to work a little more. – **8.** He wasn't in the least angry.

38

A. **1.** anything – **2.** anywhere – **3.** Anywhere – **4.** sometime – **5.** nowhere

B. **1.** I've never seen anything like it. – **2.** Do you want to go somewhere for a drink? – **3.** I have the impression something is worrying you. – **4.** Nothing will make me change my mind. – **5.** There must be somewhere I can get cigarettes. – **6.** You'll find nowhere/nothing open at this time of night. – **7.** Anytime (US = *à votre service*.) – **8.** Hullo? Is anybody there? – **9.** He's/She's not just anybody, you know. – **10.** Anything else, sir?

39

1. Where's that letter you wanted me to send? – **2.** The girl Robert invited was very surprised. – **3.** The man who took the money has now disappeared. – **4.** What did you do with the stamps that were in the drawer? – **5.** It's no use talking to people who won't listen. – **6.** The number you gave me doesn't seem to be the right one. – **7.** The person who phoned hasn't called back yet. – **8.** Did you get the message I left you? – **9.** The catalogue that's just come out is much better. – **10.** The doctor I was supposed to see wasn't there.

40

1. The solution you were thinking of was not feasible – **2.** French pastries are a temptation I just can't resist. – **3.** The cousin I write to regularly wants to come and spend a week with us. – **4.** Isn't there anyone you can ask for help? – **5.** The man you trusted was a crook. – **6.** You have to make a photocopy of the advertisement you want to reply to. – **7.** The meeting you have been asked to attend won't take place today. – **8.** I'm looking for the box you put the silver in.

41

A. **1.** The lady whose son had won was very proud. – **2.** That's the country I come from. – **3.** Mr Hayes, whose passport she had found in her shopping bag, sent her flowers. – **4.** Here are the documents you'll need on holiday. – **5.** There are a few details I can't quite remember. – **6.** The house whose roof is too shaky will be demolished. – **7.** That's something I've never heard of before. – **8.** We saw ten films, two of which were really fantastic.

B. **1.** Politicians whose memoirs have been published are less to be feared than others. – **2.** That film, whose music I liked so much, isn't very interesting otherwise. – **3.** What's that wine James is always going on about? – **4.** Here's the newspaper that article was taken from. – **5.** The minister, whose resignation is imminent, refused to talk to our correspondent. – **6.** We've had a look at the product you complained about. – **7.** This is the department you will be in charge of. – **8.** There were twenty people, two or three of whom I already knew.

42

1. Carol gave him her phone number, which he wrote down in his notebook. – **2.** My sister, who lives in New York, is a nurse. – **3.** My sister who lives in New York is a nurse. – **4.** John, whom she had never spoken to incidentally, said he was a painter. – **5.** Our manager, whom you will be meeting tomorrow, speaks very good English. – **6.** Mr Thompson, whose opinions are well known, said he wouldn't be voting. – **7.** That painting the museum has just bought is a fake. – **8.** That painting, which the museum has just bought, is a fake. – **9.** The Spencers, who have been living next door a long time, have decided to move. – **10.** The fog, which has been very thick all day, has finally lifted. – **11.** The evening flight was cancelled, which was very unfortunate. – **12.** The passengers, who were warned at the last minute, caught the next morning's flight.

43

1. All (that) I know is that he arrived much later. – **2.** Are you going to try everything that's on the table? – **3.** Why should I do everything you say? – **4.** Our children's future–that's what's at stake here. – **5.** Don't believe everything he says. – **6.** Have you found/Did you find everything you were looking for? – **7.** That's all you need to know. – **8.** The letter never arrived, which changed the course of history – **9.** That's what attracts the public. – **10.** That's all I wanted. – **11.** You mustn't always believe everything you read in the newspapers. – **12.** It is not always easy to see what the real problems are. – **13.** Tim failed his driving test again, which came as no real surprise. – **14.** Our secretary won't take anything that isn't already typed. – **15.** Eddy didn't know what that notice meant.

44

A. **1.** ordered his men to – **2.** wanted him to become – **3.** would like the unions to end – **4.** asked the workers to – **5.** expects the government to change – **6.** ordered Christine to return her – **7.** to persuade smokers to change – **8.** asked for the milk and papers to be delivered – **9.** encourages people to buy – **10.** encouraged me to

B. **1.** I expect you to come to an agreement. – **2.** Philip has asked Lisa to go on holiday with him. – **3.** If you want to move about the cabin, you must wait until the plane has taken off. – **4.** I told you to hurry up. – **5.** Do you want me to drop in this afternoon?

45

1. advised Eric to – **2.** advised their – **3.** park/should park – **4.** you would be – **5.** I wish to thank – **6.** Carol knew – **7.** Carol would learn – **8.** he hadn't bought – **9.** me to – **10.** I sit/I should sit

46

A. **1.** like – **2.** as – **3.** as well as – **4.** as fresh as – **5.** like – **6.** as an

B. **1.** The group used this flat as a recording studio. – **2.** As if you didn't know! – **3.** The floor is very slippery. It's like walking on ice. – **4.** As usual, you forgot my birthday. – **5.** As I expected, he didn't finish the marathon. – **6.** As we were crossing the road, we caught sight of the accused.

47

1. How peaceful it is here! *ou* It's so peaceful here! – **2.** How I envy you! – **3.** What furniture! – **4.** What beautiful eyes she has! – **5.** It's so much easier by train! – **6.** That machine could be so much more user-friendly! – **7.** You don't say? How interesting! – **8.** How talkative he is! – **9.** What a good idea! – **10.** What awful/ terrible weather!

48

1. My brother makes his children eat vegetables. – **2.** He doesn't let them eat hamburgers. – **3.** You must make her change her mind. – **4.** He kept me waiting for an hour before the interview. – **5.** They made me work hard before the exams. – **6.** Tom's father doesn't let him drive the car. – **7.** Don't let him fall asleep now. – **8.** If necessary, we'll have the case reopened. – **9.** I can't let you say things like that. – **10.** It's the sort of thing you will never make him/her understand. – **11.** We are going to have an estimate made. – **12.** I must have have my hair cut.

49

A. **1.** La voiture s'est engagée/a tourné dans la mauvaise rue. – **2.** La société a refusé l'offre de rachat. – **3.** Ils ont accumulé des factures de téléphone monumentales. – **4.** Quand j'étais plus jeune, je montais les escaliers en courant. – **5.** Tony regardait tout le temps par-dessus son épaule comme s'il avait peur de quelque chose. – **6.** Hugues parcourut rapidement ses notes avant la réunion. – **7.** Vous allez devoir faire demi-tour. La route est barrée. – **8.** Le nouveau patron a soutenu les propositions de Simon.

B. **1.** back – **2.** in – **3.** across/over – **4.** off – **5.** up – **6.** out – **7.** back – **8.** along – **9.** on – **10.** in – **11.** on – **12.** round – **13.** down – **14.** over – **15.** away.

50

A. **1.** Mandy said she had had a day off work the day before.
Mandy déclara qu'elle avait eu une journée de congé la veille.
2. Bob said if he couldn't get work, he might just emigrate.
Bob dit que s'il n'arrivait pas à trouver du travail, il pourrait bien émigrer.
3. Gill told us (that) she had a seat on the plane for that week.
Gill nous annonça qu'elle avait une place dans l'avion pour cette semaine.
4. Steve asked him when the next bus was due.
Steve lui demanda à quelle heure le prochain bus était censé arriver.
5. Helena's mother advised her to stop listening to such loud music.
La mère d'Helena lui a conseillé d'arrêter d'écouter de la musique aussi forte.

B. **1.** Fred suggested that they should meet for an ice-cream. – **2.** Robert asked her if she would post his letter. – **3.** The boss had told his secretary not to tell anyone where he was. – **4.** His father had told him to ring as soon as he got there. – **5.** He asked me what the matter was, and whether I was ill.

51

1. I always enjoy having a lie-in. – **2.** I heard him offer Jenny a lift. – **3.** Does the freezer need defrosting? – **4.** I tried talking to him, but he wouldn't listen. – **5.** I'll try and/to talk to him tomorrow. – **6.** Remember to pay the phone bill, will you? – **7.** Philip resents being called "my boy". – **8.** Thomas! Stop tormenting that poor dog. – **9.** Some cities are known to be very expensive. – **10.** Is it worth carrying on?

52

A. **1. while.** Que faisait son mari pendant qu'elle accouchait à la clinique ? – **2. while.** Ellen a toujours eu l'habitude de regarder la télévision en faisant ses devoirs. – **3. for.** Daniel a cherché cet autocollant pendant je ne sais combien de temps. – **4. during.** Jane s'endort souvent pendant les dernières nouvelles.

– 5. during. Nous avons beaucoup nagé pendant nos vacances dans le Devon.

B. **1.** My car was stolen while I was at work. **– 2.** I had a pain in my shoulder for a week. **– 3.** I sprained my ankle while playing tennis. **– 4.** Tom and Sally had a row during their wedding reception. **– 5.** He was so disgusted he walked out during the film.

53

1. Henry was looking for a tool to open the door with. **– 2.** I didn't have enough time to finish it all. **– 3.** The minister resigned so he could spend more time with his family/in order to be able to spend... **– 4.** I don't have a big enough pocket to put that wallet in. **– 5.** The town centre was closed to traffic to reduce air pollution. **– 6.** I gave them the same present so that there wouldn't/shouldn't be any quarrels. **– 7.** Do you need any glasses to serve the champagne in? **– 8.** Do you need someone to serve the champagne? **– 9.** I thought him too silly to understand that joke. **– 10.** There's nothing to lean on. **– 11.** Patrick got told off for arriving late twice in the same week. **– 12.** So that it doesn't happen again, he's bought a radio-alarm.

54

A. **1.** c **– 2.** d **– 3.** a **– 4.** a **– 5.** d **– 6.** a **– 7.** c **– 8.** a **– 9.** e **– 10.** a **– 11.** e **– 12.** b **– 13.** d **– 14.** c **– 15.** b

B. **1.** I'll always have doubts about him. **– 2.** Sorry, but dinner isn't ready yet. **– 3.** I still haven't heard from him. **– 4.** Her baby is still quite small. **– 5.** It's not even ten o'clock yet. **– 6.** I'm still waiting for his answer. When is he going to make up his mind? **– 7.** You can always ask him. **– 8.** The forest fires were still burning this morning. **– 9.** Have you got any more Christmas cards? These won't be enough. **– 10.** – Have you still got Christmas cards? – Not in March, sir! **– 11.** A drop more wine? **– 12.** Paul has broken his leg again. **– 13.** Have you booked your hotel yet? **– 14.** Alison is always late. **– 15.** You're late again!

55

1. You can't ask one of your colleagues without asking all the other ones. – **2.** What else is on the agenda? – **3.** The other editions are no longer available (aren't available any more). – **4.** Look at this traffic! Don't you know another way? – **5.** Would you rather have dinner somewhere else (*ou* elsewhere)? – **6.** Who else is working on the project? – **7.** I've finished my ice-cream. Can I have another one? – **8.** I haven't got any other ones in that colour. – **9.** No one else would be as stupid as that. – **10.** I'd like to know what the others are going to do.

56

A. 1. do. On ne devrait faire des affaires qu'avec les gens sur qui on peut compter. – **2. does.** Jenny fait beaucoup de natation. – **3. make.** Si elle gaspille son argent comme ça, elle ne fera jamais fortune. – **4. do.** Ils ont décidé de faire une nouvelle biographie de Jack Kennedy. – **5. made.** Son discours l'a rendue célèbre. – **6. does.** Henri fait beaucoup d'heures supplémentaires. – **7. do.** On fait une expérience, d'accord ? – **8. made.** Est-ce que vous avez fait des projets ? – **9. do.** Pourquoi faire les choses à moitié ? – **10. made.** Betty s'est fait une tasse de thé avant d'aller se coucher.

B. 1. Rome wasn't made in a day. – **2.** But some tourists do Europe in a week. – **3.** Don't tell me you're doing the washing-up! – **4.** Quiet, please! Chris is going to make a speech. – **5.** They never admit they've made a mistake. – **6.** I'll do my best. – **7.** The woman opposite is always making a fuss about nothing. – **8.** If you carry on like that, you'll make yourself ill. – **9.** According to the doctor, Sue has made good progress. – **10.** David makes a fortune out of selling old papers.

57

1. The neighbours seem very nice. – **2.** Mrs Simpson taught me to play the piano. – **3.** Shakespeare has been dead for four centuries. – **4.** Who arrived on the last train? – **5.** What happened to your arm? – **6.** Experts say this is the end of the recession. – **7.** My sister never lacked ambition. – **8.** Have you seen Jona-

than? He looks very tired, doesn't he? – **9.** Remind me of your
name. – **10.** Who's that girl? I can't remember her name.
– **11.** When he talked to me about it, it sounded quite good.
– **12.** There's some money missing from the till. – **13.** Do you
miss your old typewriter? – **14.** How much does he earn? (Fami-
lièrement : How much does he make?) – **15.** Tell him/her I'll be
back in ten minutes.

58

1. a. Alison veut aller dans une université écossaise. – **2. an.** Le
premier ministre a parlé pendant une heure. – **3. an.** Je ne crois
pas que vous aurez besoin d'un parapluie aujourd'hui.
– **4. a.** Avez-vous jamais vu un livre d'histoire devenir un best-
seller ? – **5. an, a.** « Organiser », ça s'écrit avec un s ou avec un
z ? – **6. an.** En Angleterre, toutes les voitures doivent réussir un
test appelé MOT. – **7. an.** Avez-vous jamais entendu parler d'un
escroc honnête ? – **8. a.** C'est la première fois que je m'arrête
dans une auberge de la YMCA (Young Men's Christian Asso-
ciation). – **9. a.** On peut perdre beaucoup d'argent avec une
machine à sous (un bandit manchot). – **10. an.** Il peut y avoir des
avantages à être enfant unique.

59

1. a – **2. b** – **3. a** – **4. a** – **5. c** – **6. c** – **7. b** – **8. a** – **9. b** – **10. a**

60

1. b. Crois-tu que ça vaille la peine que je demande une augmen-
tation de salaire ? – **2. a.** Quand est-ce qu'ils vont finir de tourner
ce film ? – **3. b.** Nous avons passé beaucoup de temps à développer de nouveaux points de vente. – **4. a.** ou **b.** As-tu
commandé tes chèques de voyage ? – **5. a.** Quand comptez-vous
déménager ? – **6. b.** Mon médecin m'a adressé à un ophtalmolo-
giste. – **7. b.** Il n'est pas permis de fumer dans cet espace.
– **8. b.** Linda travaille avec des enfants handicapés. – **9. a.** Tu
pourrais pas faire un peu moins de bruit quand tu rentres ?
– **10. c.** On l'a accusé d'être un trafiquant de drogue.

ANSWERS
TO DIALOGUES

Les chiffres en **gras** renvoient aux unités.

Dialogue 1

– How is Sheila these days?
– Oh, she (1) **'s** left (2) **Ø** home.
– Where (3) **is she living** now?
– She (4) **'s sharing** a little house with three other people. She felt it was time to become more independent and (5) **learn** to do things for herself. She (6) **'s really enjoying** it at the moment but we'll see (7) **what** happens when winter (8) **comes.** I think it's the freedom she likes most. She has also applied for a new (9) **job** but she hasn't had an answer (10) **yet**.
1 : **1** – 2 : **17** – 3 : **5** – 4 : **5** – 5 : **57** – 6 : **5** – 7 : **43** – 8 : **3** – 9 : **23** – 10 : **54**.

Dialogue 2

– We thought we'd come over and spend the day with you if that's all right with you.
– Of course it is. What time do you think you'll get here?
– Oh, about eleven o'clock. I thought we'd meet where we (1) **met** you before, you know, at the coffee room next to the Tourist Information Office. You (2) **remember**, you (3) **go** up the High Street, then it's on the left, after the cinema.
– Oh, thanks for (4) **reminding** me. Last time I got lost, then I couldn't find a (5) **parking space** , and then I nearly (6) **missed** you, I got there (7) **so** late.
1 : **1** – 2 : **57** – 3 : **5** – 4 : **57** – 5 : **20** – 6 : **57** – 7 : **32**.

Dialogue 3

– Did you remember to (1) **do** the shopping?
– Well, I went into town...
– And?
– I (2) **should** have (3) **made** a list, because when I got there I wasn't sure (4) **what** I was supposed to get.
– Does that mean we've got nothing to eat?
– Well, there (5) **must** be (6) **something** in the freezer.
– I don't want (7) **anything** out of the freezer. I suppose we'll have to go and get yet another Chinese takeaway!
– I (8) **thought** you (9) **liked** Chinese food.
– I do, but you can have (10) **too much** of a good thing!
1 : **56** – 2 : **12** – 3 : **56** – 4 : **43** – 5 : **13** – 6 : **38** – 7 : **38** – 8 : **4** – 9 : **4** – 10 : **35**.

Dialogue 4

– Do you know (1) **what** (2) **happened** to Sue last week?
– No, what happened to her?
– She drove into town to see a film, then (3) **couldn't** find (4) **her** car when she came out of (5) **the** cinema. She (6) **looked** everywhere but there was (7) **no** trace of it. Finally she went to the police and (8) **told** them about her problem. They asked (9) **her to** give them a description of it, thinking it had been (10) **stolen**. Meanwhile Sue caught (11) **the** bus home. Next morning she had a phone call. Her (12) **missing** car had been found – in the multistorey carpark where (13) **she had** left it. Moral: Sometimes it's (14) **easier** to (15) **watch** films on TV.
1 : **43** – 2 : **1** – 3 : **15** – 4 : **25** – 5 : **17** – 6 : **4** – 7 : **33** – 8 : **57** – 9 : **44** – 10 : **57** – 11 : **17** – 12 : **57** – 13 : **50** – 14 : **19** – 15 : **57**.

Dialogue 5

– Have you bought one of the new lottery tickets?
– No, there's not (1) **much** chance of winning.
– You never (2) **know**. In any case, if you don't buy a ticket, you'll never win (3) **anything**.
– Perhaps, but at least I know where I stand and I'm not out of pocket.
– Well, yes, but that's (4) **a rather** boring way of looking at (5) **Ø**

life, don't you think? (6) **Always** knowing what is going to happen
next. What's more, if you get (7) **used to living** (8) **like** that, you'll
become old before your time. Come on, live dangerously, and have
a flutter!
– Oh, all right, just this once then–but I'm (9) **still** not very keen. I
don't intend to (10) **make** a habit of it.
1 : **29** – 2 : **5** – 3 : **38** – 4 : **28** – 5 : **17** – 6 : **54** – 7 : **9** – 8 : **46** – 9 : **54**
– 10 : **56**.

Dialogue 6

– Hullo, is that the Piccadilly Hotel?
– Yes. How can I help you?
– I (1) **'m looking** for a single room. Have you (2) **any** to spare? I (3)
've rung round all the hotels in the Yellow Pages but none of them
have (4) **anything** left.
– Well, as it happens, we (5) **'ve just had** a cancellation. How (6)
many nights are you planning to stay?
– I don't know (7) **yet**. I'm over here for the Information Technology Exhibition and I (8) **might** stay on for a few days afterwards. It
all depends how (9) **things go**.
– Well, I'll book you in for the duration of the Exhibition and we'll
take it from there.
– That's fine by me. The name's Clark, by the way. Vanessa Clark.
– Right, Mrs Clark. I (10) **'ve registered** your booking on the
computer. Your room will be ready any time after two o'clock this
afternoon.
1 : **5** – 2 : **30** – 3 : **1** – 4 : **38** – 5 : **1** – 6 : **29** – 7 : **54** – 8 : **13** – 9 : **50**
– 10 : **1**.

Dialogue 7

– You (1) **had** an appointment with the Head of Personnel yesterday,
from what I heard. How did it go?
– Well it was (2) **quite** amazing really. He wants (3) **me to** spend a
year at our Paris office, helping them to reorganise things. It's (4)
rather a big decision. I (5) **haven't been** back to Paris (6) **since** I
was a student. Now I'm married, I can't (7) **make my family** move
to France just because of my work. But on the other hand it is hard
to resist (8) **such an** exciting challenge.

– You know what I suggest you (9) Ø do? Spend the weekdays in Paris and the weekends in England. (10) **Travelling** would be (11) **no** problem, now the Tunnel's open. You would have (12) **the best** of (13) **both** worlds.

1 : **1** – 2 : **28** – 3 : **44** – 4 : **28** – 5 : **7** – 6 : **8** – 7 : **48** – 8 : **32** – 9 : **45** – 10 : **23** – 11 : **33** – 12 : **26** – 13 : **36**.

Dialogue 8

– Did you manage to get tickets for *Othello*?

– Do you mean (1) **the** play or (1) **the** opera?

– (1) **The** play, of course. I know you can't stand (2) Ø live opera.

– It's true I prefer (3) Ø plays to (3) Ø music. But in any case, when I (4) **went** to get (5) **the** tickets, they (6) **told** me at the box-office the performance had been (7) **cancelled** because of a strike. (8) **Something** about (9) Ø money for (9) Ø overtime.

– In that case, when you (10) **finish** work, we'll go for a meal at that restaurant that (11) **has just** opened. I (12) **'ve heard** it's very good.

– We'll get there (13) **much too** early if I go straight from (14) Ø work.

– It's very popular, so we'll have to get there early (15) **to** get a table. Come on, it'll (16) **do** you good.

1 : **17** – 2 : **17** – 3 : **17** – 4 : **1** – 5 : **17** – 6 : **1** – 7 : **60** – 8 : **38** – 9 : **33** – 10 : **3** – 11 : **1** – 12 : **1** – 13 : **35** – 14 : **17** – 15 : **53** – 16 : **56**.

Dialogue 9

– Excuse me, are there (1) **any** seats left on the ten o'clock flight for London?

– I'm afraid there are (2) **none** left, but we've (3) **still** got (4) **some** available on the eleven o'clock flight.

– Haven't you got (5) **anything** (6) **earlier** than that?

– I'm afraid not, our two early flights were (7) **both** booked up weeks ago, and since then we (8) **haven't had** (9) **any** cancellations at all. (10) Ø life is like that. I'm afraid you often find it's (11) **all** or nothing. (12) **Some** weeks we hardly sell (13) **any** seats at all. But I shouldn't complain. Business could be (14) **worse**.

– That's all very well, but I'm still without (15) **a** ticket. I think I'll try and go by the Shuttle.

– No problem, sir.

1 : **33** – 2 : **30** – 3 : **54** – 4 : **30** – 5 : **38** – 6 : **19** – 7 : **36** – 8 : **1**
– 9 : **33** – 10 : **17** – 11 : **34** – 12 : **33** – 13 : **33** – 14 : **19** – 15 : **18**.

Dialogue 10

– The government has just announced an anti-smoking campaign.
– Not (1) **another** (2) **one**!
– This one is aimed at (3) **Ø** parents. They want to (4) **make us**
aware of (5) **the** dangers of (6) **Ø** passive smoking, and (6) **Ø** advertising is going to be (7) **banned**.
– I wish (8) **they would** leave me alone. I know I (9) **still** smoke but
I (10) **have** cut down. I haven't given it up (11) **yet**, though I have
stopped once or twice. If they go on (12) **like** this, I'll start a campaign in defence of (13) **all** smokers. Then we'd see how (14) **they
liked** that.
1 : **55** – 2 : **55** – 3 : **17** – 4 : **44**– 5 : **17** – 6 : **17**– 7 : **60** – 8 : **45**
– 9 : **54** – 10 : **1** – 11 : **54** – 12 : **46** – 13 : **34** – 14 : **50**.

Dialogue 11

– The January sales (1) **started** yesterday.
– Yes I (2) **know**. I haven't been to see if I can find (3) **anything** (4)
yet.
– Nor have I. I (5) **might** go this afternoon but I won't take the car.
I'll go by (6) **public transport**. They (7) **'ve been warning** us about
traffic jams the (8) **whole** morning. The traffic (9) **information** on
the radio (10) **has** been pretty horrific.
– That's what I (11) **thought** when I (12) **heard** the news this morning. Mind you, (13) **no one** sleeps on the pavement (14) **anymore**
(15) **so as** to be first in the doors to get a really beautiful (16) **piece
of** furniture going dirt cheap.
– Perhaps because (17) **no** beautiful (18) **furniture goes** dirt cheap
anymore!
1 : **1** – 2 : **5** – 3 : **38** – 4 : **54** – 5 : **13** – 6 : **24** – 7 : **7** – 8 : **34** – 9 : **24**
– 10 : **24** – 11 : **1** – 12 : **1** – 13 : **38** – 14 : **38** – 15 : **53** – 16 : **24**
– 17 : **33** – 18 : **24**.

Dialogue 12

– (1) **Have you seen** this (2) **morning's** papers?
– Not (3) **yet**. The (4) **newsagent's** was (5) **still** shut when I (6) **went**

past this morning. I was going to go out and get a (7) **later** edition (8) **during** the lunch-break. Why?

– Well, your wife has her (9) **photo** on the front page, along with a group of (10) **her** colleagues. They (11) **'ve** just won a big prize on the lottery!

– Are you sure? Well, well, well... I knew they (12) **clubbed** together to buy (13) **a few** (14) **lottery tickets** each week, but I never thought (15) **anything** would come of it. I wonder if she (16) **knows**? I'll give her a ring straight away. This calls for a celebration!

1 : **1** – 2 : **21** – 3 : **54** – 4 : **21** – 5 : **54** – 6 : **1** – 7 : **60** – 8 : **52** – 9 : **59** – 10 : **25** – 11 : **1** – 12 : **60** – 13 : **37** – 14 : **20** – 15 : **38** – 16 : **5**.

Dialogue 13

– What (1) **are you looking** at?
– It's that man over there.
– What about him?
– He (2) **reminds** me of (3) **someone**. I wish (4) Ø I knew who (5) **it was**.
– I'm sure you (6) **are imagining** (7) Ø things.
– No, I (8) **remember** now. It (9) **was** (10) **a few** years ago now. He climbed into Buckingham Palace when the Queen wasn't there. He (11) **said** that he did it for a dare. Although he was found guilty, he wasn't sent to prison. They made him (12) **do** community service instead, looking after corgis in a dogs' home!

1 : **5** – 2 : **57** – 3 : **38** – 4 : **45** – 5 : **50** – 6 : **5** – 7 : **33** – 8 : **57** – 9 : **1** – 10 : **37** – 11 : **57** – 12 : **48**.

Dialogue 14

– (1) **Have you seen** what's on television now?
– No, what?
– You've got a choice between the highlights of (2) **this afternoon's rugby final**, an old Charlie Chaplin (3) Ø film you (4) **'ve already seen**, a repeat of "Dallas", and Ronald Reagan talking about (5) **his** life and times.
– Is that what (6) **you call** a choice? there's (7) **nothing** worth watching. I prefer (8) **to go** out for a drink. It makes you (9) Ø wonder why (10) **you pay** your TV licence fee.

– Don't be (11) **such an** old misery! There's always the video!
1 : **1** – 2 : **21** – 3 : **20** – 4 : **1** – 5 : **25** – 6 : **50** – 7 : **38** – 8 : **44** – 9 : **48**
– 10 : **50** – 11 : **32**.

Dialogue 15

– Do you know (1) **who(m)** (2) **I've** just heard from?
– No, (3) **tell** me. You know I'm no good at guessing.
– It's a letter from that company (4) **Ø/that** I wrote to. You know,
the one (5) **whose** bid was accepted for that big export order. You (6)
remember, the news (7) **was** in (8) **all** the papers. It (9) **was** only a
couple of months ago.
– Oh yes. So what did the letter (10) **say**?
– They (11) **are offering** me an interview next week. I (12) **can't**
believe it's true. I (13) **'ve been** hoping for this (14) **for** (15) **such a**
long time.
– That is good news! I wish you the best of luck. I'll be keeping (16)
my fingers crossed for you.
1 : **39** – 2 : **1** – 3 : **57** – 4 : **40** – 5 : **41** – 6 : **57** – 7 : **24** – 8 : **34** – 9 : **7**
– 10 : **57** – 11 : **2** – 12 : **15** – 13 : **7** – 14 : **8** – 15 : **32** – 16 : **17**.

Dialogue 16

– Where (1) **are you going**?
– (2) **I'm going** shopping.
– But it's Sunday! There'll be (3) **nothing** open.
– Yes there is. There are two supermarkets in town. (4) **Both** of them
(5) **open** Sundays. Is there (6) **anything** you want (7) **me to** get for
you?
– Well yes, there is. Could you get me a bottle of red cooking wine?
– I'm sorry it's (8) **much too** late. They can only sell (9) **Ø** alcohol
until three o'clock.
– No, you're wrong. I know it used to be like that. The (10) **shelves**
used to be (11) **roped** off and they wouldn't (12) **let** you buy (13)
any alcohol, but the law was changed a few years ago.
– Well, it just shows how out of touch I am!
1 : **5** – 2 : **5** – 3 : **38** – 4 : **36** – 5 : **5** – 6 : **38** – 7 : **44** – 8 : **35** – 9 : **33**
– 10 : **59** – 11 : **60** – 12 : **48** – 13 : **33**.

Dialogue 17

– (1) **Has** the post come this morning?

– Not (2) **yet**. Why?

– I (3)**'m still waiting** (4) **to know** the results of the interview I (5) **had** last week.

– How do you think it went?

– Well I was (6) **the youngest person** there. It depends if they (7) **are looking** for (8) Ø experience or (8) Ø youthful enthusiasm. I'm just (9) **hoping** they have (10) **preferred** the (11) **latter**.

– Well, fingers crossed then. If you (12) **get** the job, we'll have to (13) **have** a celebration.

– I'll keep you to that!

1 : **1** – 2 : **54** – 3 : **5** – 4 : **53** – 5 : **1** – 6 : **26** – 7 : **5** – 8 : **17** – 9 : **60** – 10 : **60** – 11 : **60** – 12 : **3** – 13 : **48**.

Dialogue 18

– (1) **Have you** just heard the announcement on the radio?

– No, what was that?

– There's a (2) **ten-mile** tailback on the M 25.

– Did they give any (3) **advice** on alternative routes?

– No, only a lot of (4) **information** about weather conditions, and the risk of very treacherous black ice.

– And I was going to go by car to the airport. I don't know what (5) **I am** going to do. It's really not (6) **good enough**. (7) **A few** degrees below freezing, and (8) **everything** comes to a halt.

– Why not ring the airport. Your flight may have been (9) **cancelled** for all you know.

– That's a good idea. I'll go and (10) **do** it straight away.

1 : **1** – 2 : **27** – 3 : **24** – 4 : **24** – 5 : **50** – 6 : **28** – 7 : **37** – 8 : **34** – 9 : **60** – 10 : **56**.

Dialogue 19

– Whose turn is it to (1) **make** (2) **the** coffee?

– You know (3) **as well as I do** it's yours. I (4) **did** the cooking.

– I know, but I (5) **'ve had** a really awful day at (6) Ø work. We had a rush order to get off and a lot of (7) **work** had to be (8) **done** at the last minute. On top of that, on the journey home, a dog was seen in the tunnel so they (9) **stopped** the train (10) **for** twenty minutes until (11) **someone** caught it.

– All right, I'll see to (12) **everything** this evening, but you (13) **can** do it tomorrow, mind.

– That's fine by me.

1 : **56** – 2 : **17** – 3 : **19** – 4 : **56** – 5 : **1** – 6 : **23** – 7 : **23** – 8 : **56** – 9 : **60** – 10 : **52** – 11 : **38** – 12 : **34** – 13 : **15**.

Dialogue 20

– (1) **Have you been** to eat (2) **yet**?

– No I (3) **haven't had** (4) **the/Ø** time so far.

– Where (5) **do you usually go** to eat?

– The canteen.

– How about coming to the pub with me? It's just round the corner and they do (6) **Ø** meals in a basket. Come on, it's (7) **much** nicer than the canteen, and you'll see (8) **lots of** people you know.

– It sounds a good idea. It's true, not (9) **many** people I know eat round there, the food at the canteen tastes (10) **like** cardboard and smells just as (11) **bad**.

– Now you see why (12) **we** avoid (13) **going** there!

1 : **1** – 2 : **54** – 3 : **1** – 4 : **17** – 5 : **5** – 6 : **33** – 7 : **29** – 8 : **29** – 9 : **29** – 10 : **46** – 11 : **19** – 12 : **50** – 13 : **51**.

Dialogue 21

– Do you think Barry would like (1) **to retire**?

– Oh, he's got (2) **a few** years to go (3) **yet**. He's (4) **still** (5) **quite** young.

– Oh, he's (6) **old enough** to start making plans.

– I'm not (7) **so** sure. Anyway, who wants to retire? It's all right if you (8) **win** the lottery while you are (9) **still** able to (10) **make** the most of it. What (11) **I would** like to do is spend a few (12) **weeks'** holiday in (13) **Ø** Fiji before I (14) **am** too old and decrepit to enjoy it.

– Then what would you do?

– Oh, I'd go back to (15) **Ø** work. I'd never (16) **give it up**.

1 : **51** – 2 : **37** – 3 : **54** – 4 : **54** – 5 : **28** – 6 : **28** – 7 : **32** – 8 : **57** – 9 : **54** – 10 : **56** – 11 : **50** – 12 : **27** – 13 : **17** – 14 : **3** – 15 : **23** – 16 : **49**.

Dialogue 22

– (1) **Do you know** what (2) **I did** yesterday?
– No, what?
– I (3) **locked** myself out. I had to pay a locksmith to come and open the door, but he (4) **broke** the lock, so I had to pay for a new (5) **one**. The (6) **whole** thing cost a fortune!
– Haven't you got a spare set of keys?
– Of course I have, but I put them (7) **somewhere** safe and I can't (8) **remember** where. I was afraid of losing them.
– Well, you'll (9) **have to** get a new set now, and this time keep a spare key on a string round (10) **your** neck or something! I sometimes (11) **think** you'd forget where you'd put (12) **your** head if it wasn't screwed on.
1 : 5 – 2 : 50 – 3 : 1 – 4 : 1 – 5 : 30 – 6 : 34 – 7 : 38 – 8 : 57 – 9 : 11 – 10 : 20 – 11 : 5 – 12 : 17.

Dialogue 23

– Have you ever been interviewed for an opinion poll?
– No, and I don't know of (1) **anyone** who has.
– Neither do I.
– In any case, I've got (2) **no** time for them. Whenever there are (3) Ø elections, they always get it wrong.
– Maybe. But it depends if (4) Ø people give (5) **an** honest answer.
– Well, I think they're at (6) **best** misleading and at (7) **worst** dangerous because of (8) **the** influence they exert.
– I think you're (9) **exaggerating**. (10) **No one** is going to (11) **let** an opinion poll (12) **tell** them how to vote!
1 : 38 – 2 : 33 – 3 : 17 – 4 : 17 – 5 : 58 – 6 : 26 – 7 : 26 – 8 : 17 – 9 : 60 – 10 : 38 – 11 : 48 – 12 : 57.

Dialogue 24

– What do you think of all this talk about (1) Ø ID cards?
– I don't really know what (2) **the problem is**. Mind you, I haven't really followed (3) **the** debate.
– Well, (4) Ø people are worried about (5) **the** country becoming a police-state.
– There's (6) **no** danger of that! In fact, they can make (7) Ø life (8) **simpler**. Look how difficult it was (9) **proving** my identity when I

went just to renew my (10) **swimming pool card**! After all, you are used to (11) **carrying** a banker's card and your driving licence around with you. So what's the difference?

1 : **17** – 2 : **50** – 3 : **17** – 4 : **17** – 5 : **17** – 6 : **33** – 7 : **17** – 8 : **19** – 9 : **60** – 10 : **20** – 11 : **9**.

Dialogue 25

– Have you got (1) Ø time for a drink?

– No, sorry. It's our (2) **wedding anniversary**, and I haven't got my wife a present (3) **yet**. I daren't (4) **be** late tonight!

– What are you going to get her?

– Well, I thought of buying her a microwave but perhaps (5) Ø chocolates and (5) Ø flowers would be (6) **safer**.

– You know the trouble with you? You're neither (7) **romantic enough** nor (7) **original enough**. Why don't you go to the travel (8) **agent's** and (9) **make** a booking for somewhere nice this weekend? Didn't you know (10) Ø (11) **wives** hate (12) Ø routine? (13) Ø boredom is a couple's (14) **worst** enemy!

1 : **17** – 2 : **20** – 3 : **54** – 4 : **11** – 5 : **33** – 6 : **19** – 7 : **28** – 8 : **21** – 9 : **56** – 10 : **17** – 11 : **59** – 12 : **33** – 13 : **17** – 14 : **26**.

Dialogue 26

– I (1) **had** a call from the bank yesterday. They (2) **said** that they wanted (3) **me to** go and see them.

– Oh yes, why was that?

– You haven't (4) **forgotten** I've got an overdraft? Well, I (5) **thought** it was about that. Anyway you remember my best suit, don't you? The one I wear for (6) Ø weddings and (7) Ø funerals? Well, I (8) **got it out, put it on**, took my courage in (9) **both** hands and went and saw the manager. And you'll never guess what! All (10) Ø he wanted was to try and get me interested in some new investment scheme they're bringing out. I'll never understand (11) Ø banks. With my record I'm hardly the ideal customer! How ever could they (12) **make** a mistake like that! Mind you, I was (13) **rather** relieved, I must admit.

1 : **1** – 2 : **57** – 3 : **44** – 4 : **60** – 5 : **4** – 6 : **17** – 7 : **17** – 8 : **49** – 9 : **36** – 10 : **43** – 11 : **17** – 12 : **56** – 13 : **28**.

Dialogue 27

– Have you (1) **any** idea what (2) **the time is**?
– No, why?
– I have the impression my watch (3) **has** (4) **stopped**. I'm sure the train (5) **should have been** here by now.
– It's strange there hasn't been (6) **any** announcement. I hope it's not (7) **leaves** on the track again!
– I don't know. Every (8) **day** something (9) **happens**. Now I have to allow (10) **an** hour extra for each (11) **journey**. (12) **Travelling/Traveling** is no fun anymore.
– You know what (13) **the answer is**? Try and get (14) **Ø** work (15) **closer** to home!
– That is (16) **easier** said than done!
1 : **33** – 2 : **50** – 3 : **1** – 4 : **60** – 5 : **14** – 6 : **33** – 7 : **59** – 8 : **34** – 9 : **5** – 10 : **58** – 11 : **23** – 12 : **60** – 13 : **50** – 14 : **23** – 15 : **19** – 16 : **19**.

Dialogue 28

– (1) **Have you heard** from that firm in the north (2) **yet**?
– Yes, I've got an interview next week. I'll go by train and stay overnight in a hotel. I don't like (3) **Ø** hotels but I don't have (4) **much** choice.
– You know there are people (5) **whose** choice it is to live in a hotel all the time. Just imagine – you would have (6) **no** housework to (7) **do**, (8) **no** beds to (9) **make**, (10) **no** cooking to (11) **do**, (12) **no** shopping to (13) **do**! You couldn't find a (14) **freer** life (15) **than** that.
– That's as maybe, but it (16) **must** be expensive, and it's not my idea of home. It's (17) **so** impersonal.
1 : **1** – 2 : **54** – 3 : **17** – 4 : **29** – 5 : **33** – 6 : **56** – 7 : **33** – 8 : **56** – 9 : **33** – 10 : **56** – 11 : **33** – 12 : **56** – 13 : **19** – 14 : **19** – 15 : **13** – 16 : **32** – 17 : **17**.

Dialogue 29

– Have you decided what you're doing about (1) **a** holiday this year?
– No, not (2) **yet**. In fact, I don't know if we'll have (3) **one** this summer. (4) **Ø** Money is a bit tight at the moment.
– It always is. I remember (5) **you taking** on (6) **any** odd jobs you

could find last May and June (7) **to pay** for your holiday in August. We hardly saw (8) **anything** of you (9) **during** that time.
– I know, but it was worth it! We had a really great holiday in (10) **the** States. The trouble is, we couldn't see (11) **everything** in (12) **such a** short time. Mind you, we (13) **made** some very good friends. They might, in fact, be coming over to (14) Ø France (15) **later** on to stay with us.

1 : **58** – 2 : **54** – 3 : **30** – 4 : **17** – 5 : **33** – 6 : **53** – 7 : **38** – 8 : **52** – 9 : **17** – 10 : **34** – 11 : **32** – 12 : **32** – 13 : **56** – 14 : **17** – 15 : **60**.

Dialogue 30

– Have you been to the bank (1) **yet**?
– No, I was going to go after (2) Ø lunch. This morning I (3) **hopped** on a bus and went into town to (4) **do** (5) **some** shopping, so I spent quite (6) **a lot of** money–more (7) **than** I should have done. I suppose you couldn't lend me (8) **some**?
– Sorry but (9) Ø Ellen's brother borrowed £10 off me this morning and it's left me (10) **rather** short. I was (11) **hoping** you could help me out till I could get to the bank.
– Make sure you get there before they (12) Ø close. Otherwise you'll (13) **have to** use the cash dispenser and you (14) **might** find it empty.

1 : **54** – 2 : **17** – 3 : **60** – 4 : **56** – 5 : **33** – 6 : **29** – 7 : **19** – 8 : **30** – 9 : **20** – 10 : **28** – 11 : **60** – 12 : **3** – 13 : **11** – 14 : **14**.

Dialogue 31

– Do you like taking (1) Ø (2) **photos**?
– Well, it's true I like (3) Ø photography, especially (4) **the** photography you see in (5) Ø exhibitions, but (6) **what** (7) **I take** is not exactly artistic. I just take pictures of (8) **the** family.
– Well, think how important (9) **they will** be for future generations! You (10) **are capturing** a part of your (11) **family history**!
– You haven't seen my snapshots, have you? They are certainly not (12) **works** of art, and they are so badly (13) **focused**, you'd have trouble recognizing (14) **anyone** you knew! No, they are certainly not worth (15) **keeping** for (16) Ø posterity.

1 : **33** – 2 : **59** – 3 : **17** – 4 : **17** – 5 : **17** – 6 : **43** – 7 : **50** – 8 : **17** – 9 : **50** – 10 : **5** – 11 : **20** – 12 : **23** – 13 : **60** – 14 : **38** – 15 : **51** – 16 : **17**.

Dialogue 32

– What (1) **did you do** last Saturday?
– I (2) **went** to (3) **Ø** Sam's wedding.
– Where did he have (4) **his** wedding?
– Sam is a she, not a he. You (5) **remember** Samantha, (6) **our** (7) **neighbours'** daughter, don't you? She's the one (8) **Ø** I fell in love with when I was seven. I (9) **worshipped** her but she took (10) **no** notice of me, so eventually my passion died a natural death. Anyway, she got married down in the country where her parents now live, though she and her boyfriend have been living together (11) **for** many years.
– So he's decided to make (12) **an** honest woman of her!
1 : **1** – 2 : **1** – 3 : **20** – 4 : **25** – 5 : **57** – 6 : **22** – 7 : **20** – 8 : **39** – 9 : **60** – 10 : **33** – 11 : **8** – 12 : **58**.

Dialogue 33

– I (1) **'ve** decided to go away this weekend.
– Oh? Where (2) **are you going**?
– Down to the south-west. I want to get there early (3) **in order to** make the most of my time.
– You (4) **could have gone** with Bob. He (5) **was looking** for (6) **someone** to go with him in the car, but he's got someone now.
– You're right, and what's more it would have been (7) **cheaper**. Now I'll (8) **have to** try and get a place on the sleeper.
– I wonder if it's worth all this mad, frantic rushing around.
– Well, after the week I (9) **'ve** just had, you wouldn't ask (10) **such a** question if you were in my shoes.
1 : **1** – 2 : **5** – 3 : **53** – 4 : **14** – 5 : **4** – 6 : **38** – 7 : **19** – 8 : **11** – 9 : **1** – 10 : **32**.

Dialogue 34

– I envy you having a garden. I wish (1) **Ø** I had (2) **one**.
– That's as maybe, but think of the back-breaking, thankless work that goes into it.
– Yes, everyone says that. But it's (3) **such a** fantastic place to relax and get away from (4) **Ø** people. It's (5) **so** peaceful and quiet, not (6) **like** my (7) **ten-foot by five-foot** balcony overlooking the street with all (8) **its** noise and traffic.

– You haven't been talking to my wife, have you? I'd like (9) **us to** move back into the city, but she wants (10) **us to** stay in the country.
1 : **45** – 2 : **30** – 3 : **32** – 4 : **17** – 5 : **32** – 6 : **46** – 7 : **27** – 8 : **25** – 9 : **44** – 10 : **44**.

Dialogue 35

– Who decides what film (1) **you are** going to see? You or your wife?

– Ah, that's a moot point. She always wants (2) **us to** go and see (3) **her** choice, and it's always one of these romantic, sentimental things. I've always (4) **preferred** (5) **Ø** action films myself, you know, films (6) **whose** (7) **heroes** always go in for (8) **a lot of** violence.

– So, what happens then? Do you get your own way?

– What do you think? We go together to see (9) **her** film, and then I go with my mates to see "Terminator II" or whatever. I suppose things work out (10) **well enough**, especially as it means she can settle down with a box of tissues and watch a real weepy on the telly.
1 : **50** – 2 : **44** – 3 : **25** – 4 : **60** – 5 : **17** – 6 : **41** – 7 : **59** – 8 : **29** – 9 : **25** – 10 : **28**.

Dialogue 36

– (1) **Did you manage** to get tickets for the match yesterday?

– Yes, Dave had two (2) **Ø** he couldn't use so I (3) **bought** them off him.

– He (4) **must** be sorry he (5) **missed** the match.

– You're (6) **so** right, especially as it's not often you see a game of (7) **such** high quality.

– Well, it was certainly (8) **exciting enough**. In fact, I can't (9) **remember** when I last bit (10) **my** nails (11) **so** much.

– Try telling that to my wife. She (12) **preferred** to eat out with some friends of (13) **hers** at a restaurant (14) **which** offers (15) **Ø** special prices for temporary football widows!
1 : **1** – 2 : **30** – 3 : **1** – 4 : **11** – 5 : **57** – 6 : **32** – 7 : **32** – 8 : **28** – 9 : **57** – 10 : **17** – 11 : **32** – 12 : **60** – 13 : **21** – 14 : **39** – 15 : **17**.

Dialogue 37

– (1) **Did you hear** what (2) **happened** to us yesterday?
– No, what?
– Well, it was Friday night so we packed the kids in the car and went off to (3) **do** the shopping at the local hypermarket. We used to (4) **go** on Saturdays but there were always (5) **so** (6) **many** people we thought it best to go on a (7) **weekday**. Anyway, there we were, with the kids (8) **tagging** along, (9) **congratulating** ourselves on a reasonably quick shopping expedition, when we got back to the car and found we couldn't make it (10) **Ø** start.
– So what did you do?
– There wasn't (11) **much** we could do. We phoned some neighbours of (12) **ours** and asked (13) **them to** give us a tow to the (14) **nearest** garage. I won't know what (15) **the matter is** until they (16) **open** on Monday morning.

1 : **1** – 2 : **60** – 3 : **56** – 4 : **9** – 5 : **32** – 6 : **29** – 7 : **20** – 8 : **60** – 9 : **60** – 10 : **48** – 11 : **29** – 12 : **22** – 13 : **44** – 14 : **26** – 15 : **50** – 16 : **3**.

Dialogue 38

– What happened to you the other night? I (1) **waited** for you for ages.
– I'm sorry but as I (2) **was coming** out, the phone (3) **rang**. It was Judy. I had borrowed (4) **her** husband's car (5) **for** a couple of hours, and when I gave (6) **it back**, I forgot to (7) **tell** him I had scratched the paintwork. There were only (8) **a few** marks but apparently he was furious.
– I'm not surprised. You obviously don't realize how much touching (9) **up the paintwork** can cost! Anyway, you (10) **should have** told him. It makes things far (11) **worse** if you don't (12) **say** anything.
– Well, I've (13) **offered** to pay for it now.

1 : **7** – 2 : **4** – 3 : **1** – 4 : **25** – 5 : **52** – 6 : **49** – 7 : **57** – 8 : **37** – 9 : **49** – 10 : **12** – 11 : **19** – 12 : **57** – 13 : **60**.

Dialogue 39

– (1) **Have you finished** your exams now?
– No, I've still got two (2) **Ø** left.
– Which are they?
– Oh, economics and information technology. (3) **Economics** is (4)

the harder of the (5) **two**. I can never (6) **remember** all those figures. Which (7) **reminds** me, I've got to (8) **do** some more revision before I (9) **sit** the exam tomorrow. I know I (10) **shouldn't have left** it to the last minute. I really thought I had (11) **plenty of** time but now (12) **Ø** time seems to have caught up with me.

– I think you ought to spend (13) **the** time before (14) **tomorrow's** exam just relaxing. There's (15) **no** point in (16) **getting** into a panic over it.

1 : **1** – 2 : **30** – 3 : **17** – 4 : **26** – 5 : **36** – 6 : **57** – 7 : **57** – 8 : **56** – 9 : **3** – 10 : **12** – 11 : **29** – 12 : **17** – 13 : **17** – 14 : **21** – 15 : **33** – 16 : **60**.

Dialogue 40

– What shall we do tonight?

– Well, I don't know about you, but I'm going to sit up (1) **to** hear the (2) **election** results.

– Well, in that case I'll go to (3) **Ø** bed. I can't understand why (4) **you are** (5) **so** interested. After all, you'll hear them tomorrow morning. I should have thought that was (6) **early enough**.

– Oh, it's not the same (7) **as** hearing them live. Besides I'm always half-asleep in the morning and can't concentrate on the news. (8) **It goes** in one ear and out the other. I (9) **never manage** to take in all the (10) **information** they (11) **give** us.

1 : **53** – 2 : **20** – 3 : **17** – 4 : **50** – 5 : **32** – 6 : **28** – 7 : **19** – 8 : **24** – 9 : **5** – 10 : **24** – 11 : **5**.

Dialogue 41

– Aren't you ready (1) **yet**? We'll (2) **have to** be leaving soon. The Browns (3) **are expecting** us at 8 o'clock.

– I know, but I can't find (4) **anything** to wear.

– It's always the same. (5) **Nobody** would think you had a wardrobe full of clothes you have hardly worn.

– That's not the point. It's (6) **fitting** the clothes to the occasion which is the most difficult thing. I don't want to (7) **let you down**. After all, we are going to have dinner with your boss and (8) **his** wife!

– I don't know why (9) **you are** making (10) **such a** fuss! I mean, we (11) **all went** to (12) **Ø** school together, even if it was a long time ago.

1 : **54** – 2 : **11** – 3 : **5** – 4 : **38** – 5 : **38** – 6 : **60** – 7 : **49** – 8 : **25**
– 9 : **50** – 10 : **32** – 11 : **1** – 12 : **17**.

Dialogue 42

– How about going (1) **swimming**? I've got (2) **an** hour free before
the meeting. So what do you think?
– Well, I don't know. I don't really know how to swim.
– I'll (3) **teach** you if you like. You'll see, it's not (4) **as** difficult (5)
as all that.
– There's another problem, you see, I (6) **put** on a bit of weight (7)
during the winter and I need to lose (8) **a few** pounds if I want to (9)
get into my costume again.
– Don't look (10) **so** worried, you can hire one at the pool. In any
case, everyone is the same. None of us look like Marilyn Monroe!
– Oh well, in that case I'll come.
1 : **60** – 2 : **58** – 3 : **57** – 4 : **19** – 5 : **19** – 6 : **1** – 7 : **52** – 8 : **37**
– 9 : **49** – 10 : **32**.

Dialogue 43

– What (1) **are you doing**?
– I (2) **'m packing**. What does it look like?
– (3) **Are you really taking** all (4) **that luggage**? How long (5) **are
you going** for?
– Not long. I (6) **'ve got to** be back in a (7) **week's** time. I've got an
appointment at the (8) **dentist's**.
– Well, why (9) **are you taking** (10) **so** many suitcases then? (11)
Do you always take a lot of suitcases with you when you go on (12)
such a short (13) **journey**? Don't you believe in (14) **travelling/tra-
veling** light? You've got everything in there except the (15) **kitchen
sink** !
– Well, you never can tell what you (16) **might** need.
1 : **5** – 2 : **5** – 3 : **5** – 4 : **24** – 5 : **5** – 6 : **11** – 7 : **21** – 8 : **21** – 9 : **5**
– 10 : **32** – 11 : **5** – 12 : **32** – 13 : **23** – 14 : **60** – 15 : **20** – 16 : **16**.

Dialogue 44

– (1) **Did you see** the storm last night?
– I certainly (2) **did**! I (3) **had to** rush home to close the windows but

I (4) **didn't get** back (5) **quick enough**. So I spent the evening (6) **mopping** up.

– You (7) **shouldn't** (8) **leave** your windows open anyway. Aren't you afraid of (9) Ø burglars?

– Yes, I know, but I was in (10) **such a** hurry that I didn't stop (11) **to think**. I (12) **have never done** it before. Still, I suppose there is a first time for (13) **everything** !

– Well, at least you've got something to be thankful for. It is (14) **so** warm today that everything will soon dry out.

1 : **1** – 2 : **1** – 3 : **11** – 4 : **1** – 5 : **28** – 6 : **60** – 7 : **12** – 8 : **57** – 9 : **17** – 10 : **32** – 11 : **51** – 12 : **1** – 13 : **34** – 14 : **32**.

Dialogue 45

– You (1) **like** (2) Ø cricket, don't you? I've got two tickets for the Test Match between (3) Ø England and (3) Ø Australia.

– Well, to (4) **tell** you the truth I don't know (5) **much** about it. My father used to (6) **be** a follower of Sussex and all (7) Ø I know is (8) **what** he (9) **taught** me.

– Well, don't worry. You don't need to be (10) **an** expert (11) **to** enjoy the game. So what do you think?

– All right, I'll come, but on one condition.

– What's that?

– I want you (12) **to come** with me to Wimbledon this year. You (13)' **re always finding** (14) Ø excuses (15) **to** get out of it, and I (16) **have to** go on my own every time.

– All right, you win! We'll go together to (17) **both** events. Now does that (18) **make** you happy?

1 : **5** – 2 : **17** – 3 : **17** – 4 : **57** – 5 : **29** – 6 : **9** – 7 : **43** – 8 : **43** – 9 : **57** – 10 : **18** – 11 : **53** – 12 : **44** – 13 : **5** – 14 : **33** – 15 : **53** – 16 : **11** – 17 : **36** – 18 : **56**.

Dialogue 46

– (1) **Have you ever found** a (2) **four-leaf** clover?

– No, why? Do you mean you (3) **still** believe in lucky charms? I believe you (4) **make** your own luck.

– Yes, but there is (5) **such a** thing as being in the right place at the right time. And (6) **some** people do seem accident-prone.

– Well, yes, but carrying a lucky charm won't prevent you (7) **slipping** on a (8) **banana skin**.

– Perhaps not, but it (9) **might** mean you don't twist (10) **your** ankle!

– (11) **Anyone** would think you were superstitious!

– And what about you? Why (12) **did you avoid** (13) **walking** under that ladder back there?

– Oh, that's different. That was just a sensible precaution!

1 : **1** – 2 : **27** – 3 : **54** – 4 : **56** – 5 : **32** – 6 : **33** – 7 : **60** – 8 : **20** – 9 : **13** – 10 : **17** – 11 : **38** – 12 : **1** – 13 : **51**.

Dialogue 47

– Well, (1) **have you decided** if you are going to move, or not?

– Oh yes, we (2) **both** want to move. That's not the problem.

– Well, what is it then?

– Well, my wife wants (3) **us to** buy a little place in the country, preferably a house, whereas I have always (4) **preferred** (5) **Ø** town-life and hate (6) **living** somewhere with wide open spaces. I would like (7) **us to** rent a small flat requiring very (8) **little** upkeep in town. I wouldn't feel tied down then.

– Yes, but renting is a waste of money. It's not a question of tying yourself down. Look on it as (9) **a** useful investment for the future. After all, you can always sell up and find somewhere in town (10) **later** on if things don't work out. I should give it a try.

1 : **1** – 2 : **36** – 3 : **44** – 4 : **60** – 5 : **17** – 6 : **51** – 7 : **44** – 8 : **37** – 9 : **58** – 10 : **60**.

Dialogue 48

– Is this the London train? It doesn't look like it somehow.

– No, this train (1) **is going** to Bristol. The London train (2) **goes** from platform 6.

– That's funny, I always used (3) **to catch** it from here. I'm sure it (4) **still** went from this platform last week.

– Yes, you're right, but this week they (5) **'ve changed** (6) **everything** round because they (7) **are doing** some (8) **work** on the tracks.

– Well, they (9) **ought to** warn us. I mean, when you are used to (10) **catching** the same train every (11) **day**, you automatically go to the same platform without checking. Just think, I (12) **could have** finished up in Bristol! I'd have had a hard job explaining that to my boss!

1 : **5** – 2 : **5** – 3 : **9** – 4 : **54** – 5 : **1** – 6 : **34** – 7 : **56** – 8 : **23** – 9 : **12** – 10 : **9** – 11 : **34** – 12 : **14**.

Dialogue 49

– (1) **Have you heard** from those American friends of (2) **yours** recently?

– Yes, I had a letter some time ago. There (3) **wasn't** (4) **much** news. They (5) **say** they will (6) **tell** me (7) **everything** when they (8) **see** me. They are flying to London next week, and then coming on to France. They intend to spend (9) **a few** days in Paris before (10) **hiring** a car and (11) **driving** around the rest of (12) **Ø** Europe.

– I imagine they will (13) **expect you to** take them sightseeing (14) **while** they are here. Don't be surprised if they ask to see (15) **Ø** things you never knew existed. In fact, acting as (16) **a** guide is one of the best ways of discovering your own home town, even if it does mean getting blisters on (17) **your** (18) **feet**! My (19) **advice** (20) **is** to get a good pair of walking shoes. You're going to need (21) **them**!

1 : **1** – 2 : **22** – 3 : **24** – 4 : **29** – 5 : **57** – 6 : **57** – 7 : **34** – 8 : **3** – 9 : **37** – 10 : **60** – 11 : **60** – 12 : **17** – 13 : **44** – 14 : **52** – 15 : **17** – 16 : **18** – 17 : **17** – 18 : **59** – 19 : **24** – 20 : **24** – 21 : **23**.

Dialogue 50

– How is your English now? (1) **Better** ?

– Hard to tell.

– Well, now you (2) **'ve worked** right through the book, you've got no excuse. (3) **No more** basic grammar mistakes from now on. In fact, we would like to congratulate you on your perseverance in getting to the end of the book. And who knows, you never know your luck, there (4) **might** one day be a second volume to test you just that bit more. But that's another story. For the moment, we (5) **'re signing** off, and we wish you (6) **the best** of luck with your English in future.

1 : **19** – 2 : **1** – 3 : **33** – 4 : **14** – 5 : **5** – 6 : **26**.

THAT'S ALL, FOLKS!

Imprimé en France sur Presse Offset par

BRODARD & TAUPIN

GROUPE CPI

La Flèche (Sarthe),
N° d'imprimeur : 9914 – Dépôt légal Édit. 16697-11/2001
Librairie Générale Française - 43, quai de Grenelle - 75015 Paris.

ISBN : 2-253-08565-0 ◈ 30/8565/1